Négocier en territoire hostile

Christophe BOFARULL

Négocier en territoire hostile

Les
Éditions
la Barbichette

Négocier en territoire hostile

EAN: 9782957859207

ISBN: 978-2-9578592-0-7

Publié par
Les Éditions La Barbichette
A Growing Trends Company
231 rue Saint-Honoré
75001 Paris

SOMMAIRE

SOMMAIRE

REMERCIEMENTS

Je tiens à exprimer ma reconnaissance à toutes les personnes qui ont contribué à l'élaboration de ce livre, en particulier Denis Hugot pour la relecture et L'atelier Cajou pour la conception.

Je tiens tout d'abord à exprimer ma profonde gratitude à titre posthume à Sylvère Picquet. Nos échanges m'ont toujours fait grandir. Nos discussions vont profondément me manquer.

Je souhaite adresser mes remerciements aux personnes qui m'ont accompagné dans mon parcours académique à l'ESCP et à l'IHEDN: en particulier Sandrine Macé, Élisabeth Tissier-Desbordes et Jean-Pierre Raymond de Rivarola. Je souhaiterais également envoyer mes remerciements à l'ensemble des enseignants de l'ESCP Europe pour leur partage de connaissance et l'éclairage de leur vision.

Je souhaite aussi remercier l'ensemble des membres du Projet de Négociation de l'école de droit d'Harvard (PON – Harvard Law School) et en particulier Alain Lempereur, Lawrence Susskind, Guhan Subramanian, Dan Shapiro, Jahred Cuhran, Michael Wheeler, Bob Mnookins, William Ury, Dana Curtis, Gary Friedman, Amy Cuddy, Deepak Malhotra, Max Bazerman, etc. Leurs partages, leurs idées et nos échanges ont contribué au façonnage de certains concepts mis en avant dans cet ouvrage.

Je souhaite également adresser mes remerciements Anne Gratacap et Émilie Hennequin pour la confiance qu'elles m'ont accordée dans le programme EMEP de l'Université de la Sorbonne.

J'exprime mes sincères remerciements à Christophe Caupenne, qui a rédigé la préface de cet ouvrage. Christophe a négocié en territoire hostile pendant des années en tant que Chef de Groupe du RAID. Ses qualités empathiques et sa bienveillance m'ont inspiré dans mon développement personnel. Je n'aurais pu espérer un meilleur représentant pour préfacer ce livre.

PRÉFACE

La passion de négocier

Le négoce est l'une des activités les plus emblématiques de la sociabilité humaine. Peut-être est-ce l'une des raisons qui nous a poussés, de tous temps, à nous sentir habiles dans l'art des échanges et de la persuasion ? Peut-être est-ce, au fond, un réel talent qui habiterait chacun d'entre nous, mêlant le jeu à l'enjeu, la dialectique à l'émotion ? D'aucuns le révèlent d'instinct, d'autres le trouvent dans l'expérience douloureuse, ou merveilleuse, de notre humanité primitive.

Soit, le négoce des biens est souvent une affaire d'instinct et de charisme. Mais qu'en serait-il du commerce habile des idées ?

Pendant longtemps, trois univers se partageaient l'art de la négociation, ce processus subtil de l'influence : les diplomates, les marchands et les philosophes.

Chacun d'eux avait créé un savoir-faire, un dogme, une méthode. Chacun d'eux revendiquait l'ultime savoir de la persuasion, cette pierre philosophale qui donnerait accès à tous les pouvoirs de conviction de l'homme sur l'homme. Mais aucun d'eux n'eut jamais trouvé la formule de transmutation, si chère aux alchimistes, qui transformerait le plomb en or. Vous me pardonnerez la faiblesse de cette métaphore. Le plomb n'est autre, ici, que la noirceur des conflits, la pesanteur des passions ; l'or, quant à lui, est l'apaisement et l'entente. L'or de l'alchimiste est définitivement le symbole de la négociation raisonnée, de la résolution pacifique des conflits, de l'obtention du consensus. Et rien ne se transforme jamais sans la connaissance d'une recette et sans l'application rigoureuse de ses règles intimes.

Christophe Bofarull est l'un de nos brillants passeurs de savoir en matière de négociation. Il nous rend le complexe accessible, le subtil intelligible. Il ordonne les connaissances de cet Art pour nous permettre d'avancer dans nos propres recettes méthodologiques.
En choisissant le sujet de la négociation en territoire hostile, il apporte l'éclairage sur ce qui fait toute la complexité des rapports humains antagonistes.

Lorsque j'ai quitté mes fonctions de négociateur en chef de l'unité d'élite du RAID, je me suis promis de rassembler, autour de cette formidable machine à résoudre les conflits qu'est la négociation, tous les talentueux personnages susceptibles de faire avancer les connaissances dans les domaines des sciences humaines et de l'influence vertueuse. Christophe en est un vrai représentant. Aristote disait que la première qualité (de la communication) était la clarté. Cet ouvrage en est l'expression même.

Alors, bonne lecture à toutes et à tous.

Christophe Caupenne,
Ex Chef du groupe Gestion de crise et Négociation au sein du RAID.
Chef d'entreprises de Caupenne Conseil, TIRESIAS, PARCS, WAROOM.

“ Si vous ne croyez pas en la connaissance, essayez donc l’ignorance. ”

Abraham Lincoln

INTRODUCTION

" La guerre, c'est la guerre des hommes,
la paix c'est la guerre des idées. "

Victor Hugo

Nous négocions partout: dans les affaires avec nos clients et fournisseurs, dans notre vie professionnelle avec nos collègues, dans notre vie privée pour l'acquisition d'une voiture ou d'un bien immobilier, dans le cadre familial avec nos proches, etc.

Nous négocions aussi depuis la nuit des temps. Nous pensons que la négociation est innée car elle a toujours régulé les relations humaines. À titre d'exemple, les enfants négocient sans jamais avoir appris les méthodes de négociation. Pourtant, la négociation est une science humaine complexe qui implique bel et bien un apprentissage.

Nous tenterons dans cet ouvrage d'apporter des grilles de lecture sur cette discipline passionnante. L'éclairage de mes retours d'expérience m'a permis d'adopter une approche à la fois théorique et pragmatique.

Cet ouvrage s'appuie sur les techniques développées par les meilleurs laboratoires de recherche, ainsi que sur 15 ans d'expérience dans l'accompagnement de négociations pour des grands groupes à l'international. Je partagerai aussi des outils pour aider le lecteur à piloter des négociations dans des environnements hostiles. Les solutions proposées sont immédiatement utilisables pour ne plus subir vos négociations et agir avec sérénité.

Ce livre s'adresse aussi bien aux néophytes qu'aux profils plus aguerris. Les apprentis trouveront une base de connaissances minimale sur la négociation. Pour les experts, ils retrouveront les concepts clés sur lesquels ils s'appuient dans leur quotidien. Ils compléteront leurs compétences avec la méthode de préparation VIATIS, reconnue pour l'assistance qu'elle apporte dans la stratégie et la prise de décision.

Ce livre se divise en trois parties. Dans une première partie, nous présenterons et définirons ce qu'est une négociation, et en particulier la négociation dans un territoire hostile. C'est-à-dire quand l'homme redevient animal seulement guidé par ses instincts primitifs. Dans un deuxième temps, nous expliquerons comment négocier dans un territoire hostile. Nous tenterons d'apporter quelles sont les meilleures pratiques pour négocier dans cet environnement. Nous essayerons de comprendre comment sortir de cette situation chaotique et remettre le bon processus pour conclure vos négociations. Enfin, nous mettrons à disposition une méthode fiable et efficace pour préparer, construire et conduire vos négociations. La méthode VIATIS a été éprouvée dans des centaines de négociations à l'international. Elle a démontré son efficacité pour négocier et atteindre ses objectifs en toute sérénité.

1.

La négociation en territoire hostile

DE LA NÉGOCIATION RAISONNÉE À LA NÉGOCIATION EN TERRITOIRE HOSTILE

> *" Il y a deux manières de combattre :*
> *l'une avec les lois, l'autre avec la force.*
> *La première est celle des hommes,*
> *la seconde celle des bêtes. Mais comme*
> *très souvent la première ne suffit pas,*
> *il est besoin de recourir à la seconde. "*
>
> Nicolas Machiavel

Il convient de définir ce qu'est la négociation, avant de s'attacher particulièrement aux spécificités du territoire hostile. Si nous revenons à l'étude étymologique du mot « négociation », nous apprenons que le mot est emprunté au latin « negotiatio » signifiant « commerce », dérivé du verbe « negotiari » traduit par « négocier ». D'ailleurs, le terme latin « negotiari » signifie faire du commerce. La langue anglaise a aussi complété le sens du verbe négocier. « To negotiate » s'applique au sens de « venir à bout (d'un obstacle) » (Centre national des ressources textuelles et lexicales, 2020). Le terme « negotium » est bien connu des professions juridiques. Il porte sur un engagement dans un acte ou dans un contrat. « L'otium » se définit comme le temps libre d'une personne pour s'adonner à la méditation ou au loisir. C'est une période de retraite de la vie active ou publique. Le préfixe « neg » oppose la définition donnée de l'otium pour signifier un retour aux affaires.

Christophe Dupont nous apporte sûrement la meilleure définition de la négociation : « La négociation est l'activité mettant en présence deux ou plusieurs parties (individus, groupes, délégations) qui, en raison de leur interdépendance, veulent trouver une issue satisfaisante et non violente à une situation exigeant, de la part de chacun, la prise en compte de la réalité de l'autre. » (Dupont, 2006)

La négociation raisonnée

Dans les années 80, deux chercheurs américains de l'Université d'Harvard aux États-Unis, Roger Fisher et William Ury, ont développé les bases conceptuelles de la négociation dite « raisonnée ». Ils créaient au sein de la faculté de droit d'Harvard le programme de négociation qui s'est affirmé comme le laboratoire mondial de la discipline. La négociation dite « raisonnée » présente plusieurs caractéristiques. Plutôt que de négocier à partir de positions ou des personnes, Fisher et Ury préfèrent négocier à partir des intérêts. Ils pensent que nous devons considérer les conflits comme un problème à résoudre en coopération. Nous devons être conciliants avec les personnes avec qui nous négocions. La négociation doit être séparée en plusieurs phases (processus). Enfin, ils affirment que nous devons chercher des solutions gagnant-gagnant. Pourtant, cette dernière caractéristique allait être décriée par la communauté de recherche en négociation. En effet, qu'en est-il de l'équité de l'accord dans une situation gagnant-gagnant ? Il peut y avoir un petit et un grand gagnant de la négociation. Les deux parties seraient gagnantes, mais un problème d'équité pourrait se poser. En effet, une personne peut sembler le gagnant de l'accord, mais elle ne pourra hélas pas vérifier le montant du gain de son interlocuteur (Fisher & Ury, 1981). Or, les apports de Fisher et Ury dépassent ces simples recommandations. Fisher et Ury présentent la nécessité d'avoir un état d'esprit propice à la négociation. Cet état d'esprit s'appuie sur l'altruisme. Le négociateur doit s'intéresser à l'autre pour résoudre le ou les problèmes posés. La négociation est simplement un processus permettant de résoudre le ou les problèmes avec l'aide de l'autre.

L'altruisme

Le mot « altruisme » vient du latin « alter », qui signifie « autre ». En psychologie, l'altruisme se définit comme la disposition bienveillante à l'égard des autres, fondée sur la sympathie (Centre national des ressources textuelles et lexicales, 2020). Ce concept conduit à s'intéresser aux autres et à vouloir les aider. Nous définissions par « altruisme naturel » l'altruisme qui est de nature instinctive ou inconsciente. Nous l'appelons « altruisme réfléchi » quand la valeur a été apprise via une programmation culturelle offerte par la vie. L'altruisme s'oppose à l'égoïsme.

L'empathie

Cet altruisme se traduit par le comportement empathique du négociateur. L'étude étymologique du mot empathie nous renvoie au grec. Le préfixe « em » vient du grec et signifie « dans ». Le suffixe « pathie » tire aussi ses origines du grec « pathos » et indique « ce qu'on éprouve ; tout ce qui affecte le corps ou l'âme, en bien et en mal » (Centre national des ressources textuelles et lexicales, 2020). La définition psychologique de l'empathie est la capacité de comprendre les émotions, perceptions, pensées. L'empathie se décompose en empathie cognitive et en empathie affective. Nous parlons « d'empathie cognitive » quand la personne est capable de comprendre les motivations des autres. Nous parlons « d'empathie affective » quand la personne a la capacité d'apporter une réponse émotionnelle adaptée à la situation. Faire preuve d'empathie affective nécessite évidement de s'appuyer sur l'empathie cognitive.

Toutefois, il faut signaler que l'empathie n'est pas un rapprochement, voire une confusion entre le soi et l'autre. Cela ne signifie pas partager les positions, les sentiments ou les émotions de l'autre. Ce n'est pas non plus un mouvement affectif vers l'autre.

L'empathie nécessite d'entrer dans la logique de l'autre personne, de faire preuve de considération pour ce qui est dit, d'essayer de comprendre plutôt que d'influencer, d'avoir une attitude d'ouverture et d'acceptation d'autrui, d'avoir le réflexe de poser des questions d'approfondissement. Par contre, cela ne signifie pas être gentil, être influencé par l'autre, faire preuve de faiblesse et d'indécision, être laxiste ou indifférent, ou bien s'identifier à l'autre. En somme, pour résumer ce concept clé en négociation, l'empathie est une sympathie froide, mais surtout objective.

Les intérêts

La méthode développée par Harvard recommande de négocier à partir des intérêts. Les positions sont ce qu'expriment les parties. Les intérêts sont ce qu'ils souhaitent réellement. Il est donc essentiel de passer d'une logique d'expression de position vers une logique d'expression d'intérêts.

En effet, dans certaines situations les intérêts sont concordants pour les parties. La négociation permet, l'expression des intérêts de chacun et favorise la quête d'un accord. Les parties s'entendent en coopération pour résoudre leurs différends dans cet exemple.

Des intérêts concordants favorisent un consensus dans la négociation. Dans une négociation multipartite, des intérêts concordants permettront la constitution de coalition.

Les intérêts peuvent aussi être partiellement concordants. Par conséquent, chacune des parties revoit partiellement sa position. C'est ce qu'exprime le terme « compromis » dans la négociation.

Nous appelons « intérêts divergents » les intérêts des parties qui ne s'accordent pas ensemble. Pourtant, il existe deux cas de figure aux intérêts divergents : les intérêts divergents non opposés et les intérêts divergents opposés.

Nous parlons d'intérêts divergents non opposés quand votre interlocuteur n'a pas les mêmes intérêts que vous, mais que la satisfaction de vos intérêts ne va pas l'empêcher de satisfaire les siens. Les intérêts des acteurs ne coïncident pas, mais aucune obstruction de l'un ou l'autre n'emmaillera la négociation.

La tâche la plus difficile est de rapprocher les intérêts des deux parties quand les intérêts sont divergents et opposés. La divergence opposée des intérêts induit un modèle compétitif où il faut prendre l'ascendant sur l'autre pour favoriser ses propres intérêts. C'est dans ces situations extrêmes que s'exprime bien souvent le conflit.

Travailler à partir des intérêts nous renvoie aux recherches liées à la théorie des jeux. En 1946, John von Neumann, professeur de mathématiques au sein de l'Institute for Advanced Study, et Oskar Morgenstern, économiste, tous deux professeurs de l'école de Princeton, s'associaient pour élaborer les fondements de la théorie des jeux. Celle-ci est présentée comme un outil mathématique qui étudie les interactions stratégiques entre les acteurs. La théorie des jeux suppose que les résultats obtenus d'une situation dépendent des décisions de plusieurs individus (von Neumann & Morgenstern, 1943). La théorie des jeux se base sur deux facteurs : soit un jeu de lutte, soit un jeu de coopération. Ainsi, trois scénarios de jeu ressortent : le jeu de coopération, le jeu de lutte, ou le jeu mixte à la fois de lutte et de coopération.

Les typologies de sortie de négociation

Ils existent 3 typologies de sortie de négociation : le consensus, le compromis et le conflit.

Le consensus

Le consensus indique l'obtention d'un accord générale sans concession majeure d'une des parties. Le consensus s'établit quand les intérêts sont concordants. Nous parlons de consensus quand des acteurs partagent leurs idées et s'accordent sans renoncer à une de leurs prétentions. Dans l'exemple ci-dessous, les cercles représentent l'ensemble des doléances du négociateur A et du négociateur B. Un consensus est trouvé sur l'ensemble des points (cercle grisé). Dans ce sens, la négociation est un processus de communication qui permet de synchroniser les informations des parties et de concrétiser l'accord.

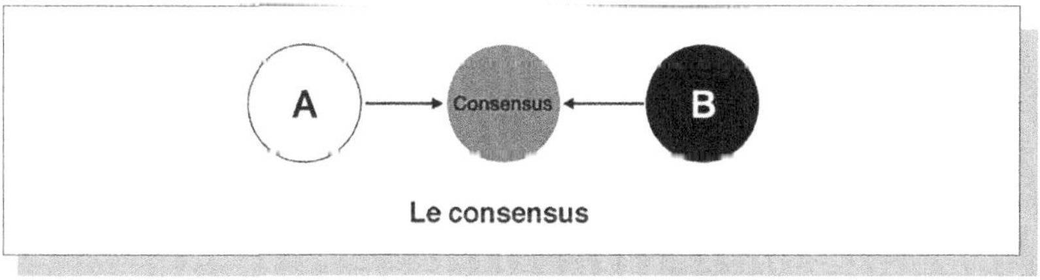

Figure 1 : Le consensus

Le compromis

Le compromis indique qu'après avoir partagé leurs positions, au moins une des parties fait a minima une concession. Le compromis intervient quand les intérêts sont partiellement concordants. Dans l'exemple ci-dessous, un compromis est trouvé. C'est-à-dire que le négociateur A et le négociateur B s'entendent essentiellement sur une partie de leurs doléances (partie grisée). Dans ce cas, la négociation est un processus de communication qui permet de synchroniser les informations des parties et amène à une prise de décision.

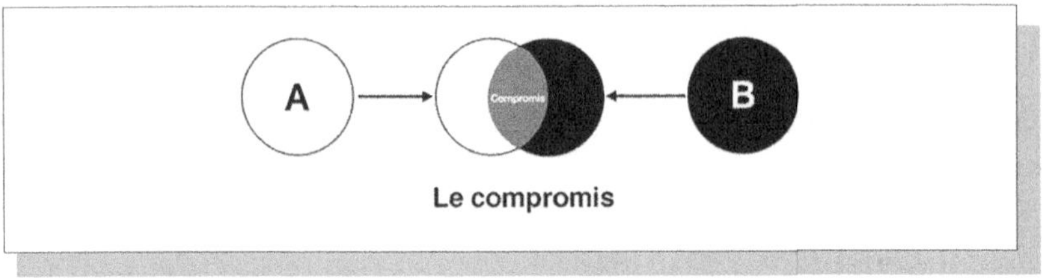

Figure 2 : Le compromis

Le conflit

Le conflit installe un désaccord profond. Il se forme quand les intérêts sont divergents et opposés. Le négociateur A et le négociateur B se quittent sans accord. Cette finalité engendre une profonde frustration quand les acteurs sont dans une situation d'interdépendance. Le fruit de cette frustration peut mener à des querelles entre acteurs. Le conflit peut être chaud ou froid. Le conflit chaud s'exprime par la communication de la violence. Le conflit froid reste intérieur. Il ne s'extériorise pas, mais est tout aussi destructeur, car la bulle intrinsèque explose.

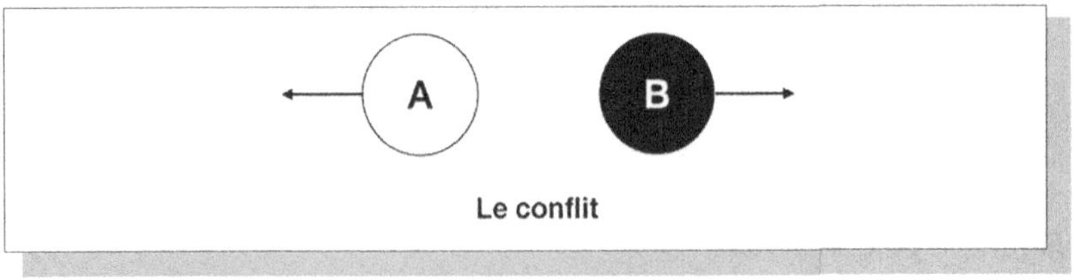

Figure 3 : Le conflit

La négociation en territoire hostile

Au sens propre, négocier dans un territoire hostile nous laisse imaginer une négociation dans une zone de guerre ou seules les lois martiales sont appliquées. Au sens figuré, nous parlons de négociation en territoire hostile quand nous passons dans le territoire de notre opposant.

Le territoire hostile se situe donc au-delà de la frontière abstraite qui limite mes intérêts de ceux de mon opposant. La volonté de conquête ou bien l'obligation contextuelle amènent les acteurs à s'introduire dans le territoire de leurs interlocuteurs. Chacune des parties défendra avec pugnacité ses territoires dès lors que l'autre cherchera à les conquérir. Le jeu de lutte présenté dans la théorie des jeux prend tout son sens.

Le terme de « zone grise » peut être aussi employé pour parler de territoires hostiles. Il est repris du langage militaire. Une zone grise se situe entre la paix et la guerre. Si nous l'appliquons à la négociation, la zone grise se situerait entre la zone de compromis et la zone de conflit. C'est à l'extrémité de la zone grise, à la bordure de la zone noire du conflit, que la violence peut émerger (Figure 4 : Le territoire hostile en négociation).

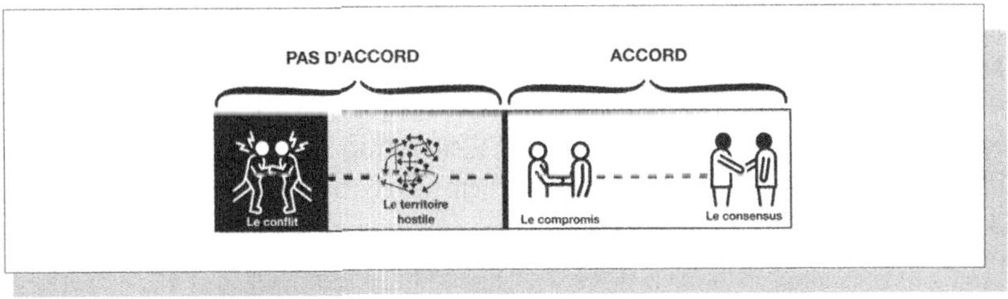

Figure 4 : Le territoire hostile en négociation

L'approche philosophique

Comme son nom l'indique, la négociation préconisée par Fisher et Ury est dite « raisonnée » (Fisher & Ury, 1981). La négociation s'avance dans la lignée du discours philosophique de Rousseau, qui rapportait que « l'homme est naturellement bon et doué de raison ». Pourtant, avant cela, Aristote avait un point de vue plus mitigé en pensant que « l'homme est un animal raisonnable ». Il mettait en avant la bipolarité de l'homme à travers son instinct animal complété par sa raison. Dans la continuité de l'idée d'Aristote, Thomas Hobbes était opposé à une vision bonifée sur la nature de l'homme en considérant que «l'homme est un loup pour l'homme» (Hobbes, 1651) . Hobbes nous disait aussi que, quand deux hommes veulent la même chose (c'est le cas des négociations aux intérêts divergents et opposés), ils cherchent à se détruire pour soumettre l'autre à sa cause. « Si deux hommes désirent la même chose alors qu'il n'est pas possible qu'ils en jouissent tous les deux, ils deviennent ennemis : et dans leur poursuite de cette fin (qui est, principalement, leur propre conservation, mais parfois seulement leur agrément), chacun s'efforce de détruire ou de dominer l'autre. » (Hobbes, 1651)

La guerre trouve ses origines dans la soif de posséder. L'autre nous empêche d'accéder à cette possession tant voulue. Il deviendra donc un ennemi que l'on devra dominer ou détruire. Pour Hobbes, l'asservissement devient la seule solution. L'homme ne peut que soumettre l'autre par la violence, le pouvoir et la domination. « Du fait de cette défiance de l'un à l'égard de l'autre, il n'existe pour nul homme aucun moyen de se garantir qui soit aussi raisonnable que le fait de prendre les devants, autrement dit, de se rendre maître, par la violence ou par la ruse, de la personne de tous les hommes pour lesquels cela est possible, jusqu'à ce qu'il n'aperçoive plus d'autre puissance assez forte pour le mettre en danger. Il n'y a rien là de plus que n'en exige la conservation de soi-même, et en général, on estime cela permis. » (Hobbes, 1651)

L'approche réaliste et pratique

La question posée est : Comment répondre quand l'homme perd sa rationalité et redevient animal ? L'idée de cet ouvrage est née de réflexions faites à travailler sur des négociations dans des secteurs d'activité où les marges n'existaient plus, où les rapports de force étaient devenus la norme. Des négociations où la lutte était plus forte que la coopération, des négociations où les instincts animaux se réveillaient, des négociations où l'homme se comportait de manière tribale, des négociations où tous les coups étaient permis, des négociations sociales où les acteurs s'exprimaient avec violence, etc.

Sans retirer la substance qu'offre la négociation raisonnée, je me suis senti dépourvu de pragmatisme quand les conditions de la négociation dégénéraient et ne permettaient plus de négocier en utilisant ses principes fondateurs.

J'ai donc voulu apporter un prisme différent sur le traitement de la négociation dans les conditions mentionnées ci-dessus. J'ai souhaité replacer la négociation non pas seulement sur la vision philosophique proposée par Rousseau, mais sur une approche plus globale intégrant l'approche faite par Hobbes.

Certains peuvent avoir une vision idéaliste de la négociation où celle-ci serait apaisée, où les règles seraient honorées. Or, de manière pragmatique, j'ai vécu des négociations chaotiques, violentes, où l'altruisme n'était plus au rendez-vous. La méthode VIATIS, qui sera proposée en fin de cet ouvrage, vous permettra de vous orienter sur ces questions en fonction des objectifs que vous vous êtes fixés.

La question de la morale, de l'éthique ou de la déontologie

La morale est un thème clé en négociation, car elle est sous-jacente aux propositions faites par Rousseau et par Hobbes. La morale guide les comportements du négociateur. Certes, la pleine conscience de nos actes moraux est élémentaire en négociation. Le négociateur peut être soumis à certains scrupules pour telles ou telles actions qui peuvent paraître en marge de la morale collective (par exemple, le bluff, le mensonge, la désinformation, etc.). Pourtant, la morale est un sujet individuel et personnel sur lequel chaque négociateur doit établir ses propres limites guidées par sa perception du bien et du mal.

Machiavel nous rapportait dans « le Prince » que l'homme vertueux succombera face aux personnes qui n'ont pas d'attachement moral. « Car un homme qui voudra faire en toutes choses profession de vertu, périra dans la cohue des scélérats. » (Machiavel, 1550) Machiavel pensait profondément que la morale à travers la notion de vertu est subordonnée à la réussite. C'est en effet un exemple intéressant qui nous amène à nous questionner sur le comportement à adopter quand nous négocions avec des loups ou des requins. Devons-nous nous transformer également en animal féroce ? Ou bien devons-nous rester profondément humain au risque de nous sentir lésé dans notre négociation ?

Nous distinguons évidemment la morale de l'éthique. Tandis que la morale est une croyance individuelle, l'éthique est un code basé sur les règles de conduite socialement acceptées. L'éthique représente ce qu'une société estime être bon et approuvé collectivement. La morale est un système de valeurs et de croyances personnelles beaucoup plus intime.

Il n'existe pas de code déontologique dédié à la profession de négociateur. Chacun entendra placer le curseur des bonnes ou mauvaises conduites où il le souhaitera, en fonction de ses valeurs ou convictions idéologiques... Bien entendu, le respect du cadre légal est fondamental. Les lois propres à chaque pays, les réglementations fixées par l'OMC, mais aussi les règles de compliance mises en place par les entreprises sont autant d'obligations que le négociateur doit respecter à la lettre. Enfin, l'aspect normatif évolue en fonction des pays : certains États étant dépourvus d'un cadre précis, d'autres au contraire étendant leurs droits à l'extérieur de leurs territoires...

La conscience de nos actes

L'objet de ce livre n'est pas de faire l'apologie des stratégies et techniques déloyales ou frauduleuses de la négociation. Il convient simplement de les connaître pour les identifier, ou bien de les utiliser en toute connaissance des conséquences que cela peut avoir dans le futur.

Outre le respect d'un cadre de référence, le négociateur ne devra jamais oublier que la durabilité et l'engagement de la relation dépendront de ses actes, de la valeur de sa parole et de la confiance qu'il a su générer dans la relation. Si l'objectif est d'établir une relation durable, il devra se comporter avec son interlocuteur comme il aimerait que son interlocuteur se comporte avec lui. Comme le disait si bien Machiavel : « Un prince peut compter pour ennemis tous ceux qui ont souffert par sa conquête. » (Machiavel, 1550)

Une autre recommandation de Machiavel nous rappelle qu' « il ne faut jamais maltraiter quelqu'un à moins que l'on ne lui ôte entièrement le pouvoir de se venger » (Machiavel, 1550). Ôter le pouvoir de se venger de quelqu'un est aujourd'hui beaucoup plus improbable qu'à l'époque des Médicis... Dans ce monde interconnecté, prendrons-nous le risque de maltraiter quelqu'un dans nos négociations, si nous devons le recroiser ou refaire affaire avec lui ? La question est ouverte, et dépendra surtout de l'objectif que vous vous êtes fixé dans votre négociation : préférez-vous un accord unique, optimisé en valeur mais court-termiste, ou bien des accords récurrents, probablement minorés en valeur mais long-termistes ?

Les territoires de négociation

" Dans une guerre de l'information intense, l'esprit humain est le territoire. Si vous n'êtes pas un combattant, vous êtes le territoire. "

Renée Diresta, Research Manager,
Stanford Internet Observatory

Nous appelons un « territoire » de négociation un espace abstrait qui se dessine pour chaque acteur et chaque variable à négocier. Il s'étire entre une valeur plancher, une valeur visée ou une valeur opportuniste sur chaque variable à négocier.

Sur chacune des variables négociées, nous devons nous interroger sur les **valeurs visées** ou **valeurs souhaitées**. Nous nous poserons la question suivante : Quelle valeur pourrait me satisfaire dans la négociation ?

Déterminer une valeur souhaitée consiste à placer le curseur sur la valeur désirée. Nous parlons de **valeur opportuniste** quand le contexte permet de faire évoluer la valeur souhaitée en fonction des opportunités rencontrées pendant la négociation. La valeur opportuniste s'installe au-delà de la valeur visée quand le contexte le permet. Un acheteur pourrait acheter moins cher que sa valeur souhaitée si l'opportunité le permet. De même, un vendeur pourrait vendre plus cher que sa valeur souhaitée si le contexte offre cette possibilité.

Nous appelons **valeur plancher**, ou **ligne de rupture**, la valeur pour laquelle le négociateur préférera ne pas donner suite à la proposition plutôt que d'obtenir un accord qui ne le satisferait pas. Nous devrons répondre à la question ci-dessous pour la fixer : Quelle est la valeur minimum que je suis prêt à accepter ? Il est important de bien considérer cette ligne de rupture comme une valeur immuable pendant la négociation. Si des nouvelles informations sont obtenues pendant la négociation et suggèrent de modifier notre valeur plancher, il est important d'ajourner la négociation pour ouvrir une nouvelle préparation en prenant en compte ces nouvelles informations.

Afin de présenter plus concrètement le concept de territoire, je vais prendre l'exemple d'une négociation commerciale. Une négociation commerciale implique un acheteur et un vendeur. L'acheteur et le vendeur partagent un intérêt commun : que la vente du produit ou du service se réalise. Or, ils ont aussi des intérêts divergents et opposés, au minimum sur la variable prix. Le vendeur cherche à optimiser son prix de vente, tandis que l'acheteur cherche à acheter au meilleur prix. Chaque acteur a un territoire qui lui est propre se situant entre la valeur plancher et la valeur de l'opportunité situationnelle. Si les valeurs planchers des deux parties s'entrecroisent, nous avons une zone appelée « ZAP » ou « ZOPA[1] » (zone d'accord possible).

Dans ce cas, la ZAP offrira la possibilité de trouver un accord. La négociation servira simplement à définir les modalités de l'accord.

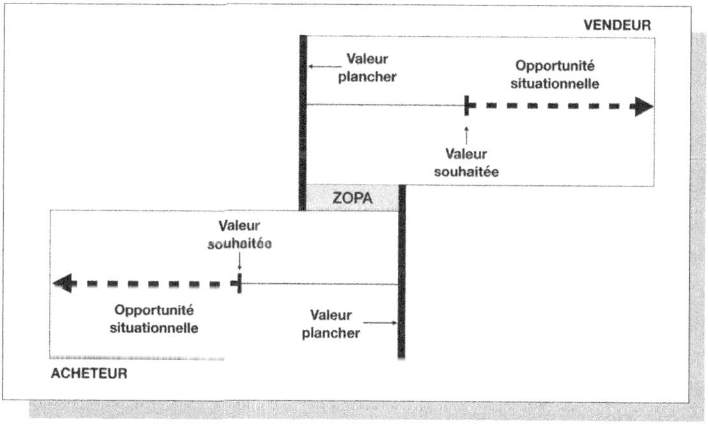

Figure 5 : Présentation conceptuelle de la zone d'accord possible sur une variable

Il se peut aussi que les valeurs planchers n'aient pas d'intersection commune entre les parties. La négociation n'aboutira donc pas à un accord, sauf dans le cas d'une défaillance d'un négociateur.

1 ZOPA ou ZAP : Zone of possible agreement ou zone d'accord possible

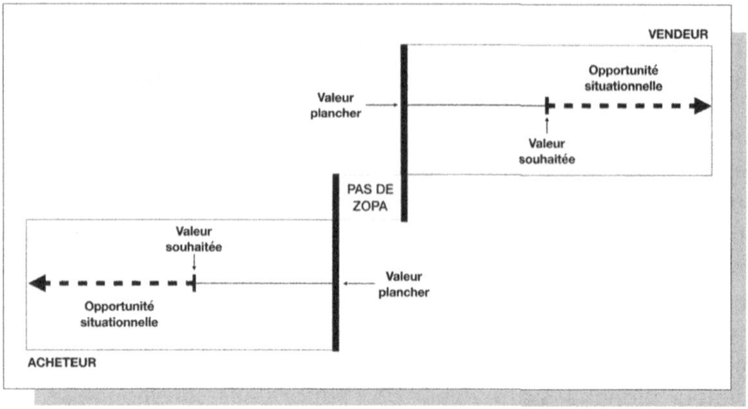

Figure 6 : Présentation conceptuelle bis de la zone d'accord possible sur une variable

Cette zone d'accord possible se définit autour de l'ensemble des variables qui composent la négociation. Par une approche systémique de traitement sur chacune des variables, il est possible de déceler les limites de la zone d'accord possible de la négociation. L'enjeu de la négociation réside donc dans la découverte de la zone d'accord possible. Si le négociateur arrive à dessiner les contours de la zone d'accord possible sur chacune des variables, il pourra établir les propositions adéquates pour faire aboutir la négociation.

Dans l'exemple suivant, nous allons présenter une matrice composée de deux variables : la date de livraison et le prix de vente. Les valeurs planchers de l'acheteur sont de 195 k€ et une livraison à 6 semaines maximum. Les valeurs planchers du vendeur sont de 180 k€ et une livraison à 3 semaines. Il existe donc une zone d'accord possible qui se situe donc entre 180 k€ et 195 k€ pour le prix, et entre 3 à 6 semaines pour la livraison.

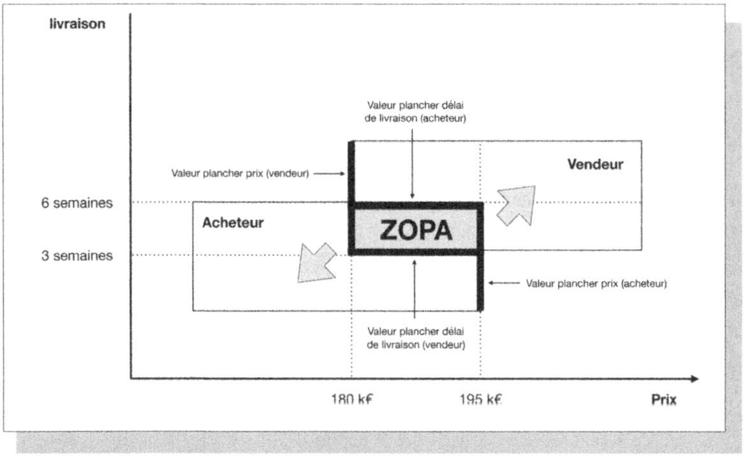

Figure 7 : Présentation de la zone d'accord possible sur deux variables

Théoriquement, la prospective de négociation pour le vendeur sera croissante sur l'axe des abscisses et des ordonnées. Ainsi, le vendeur souhaitera livrer le plus tard possible pour ne pas pénaliser son stock, alors que l'acheteur souhaitera une livraison rapide. Le vendeur souhaitera optimiser son prix de vente et livrer le plus tard possible. De ce fait, l'acheteur cherche à minimiser le prix de vente et à être livré le plus rapidement possible. La tendance de la négociation pour l'acheteur sera décroissante sur l'axe des abscisses et des ordonnées.

Les territoires hostiles

L'hostilité est définie comme un désaccord exprimé (Larousse, 2020). Ce désaccord peut être exprimé par un combat de mots, d'écrits ou par des actes. Nous entendons souvent le terme « être hostile » à une reforme dans le dialogue social. Cette idée exprime bien le jeu de lutte et le combat que mènent certaines organisations syndicales. Nous parlons aussi de nature hostile quand l'environnement est contraire à l'homme ou à ses projets (Larousse, 2020). Un environnement dans lequel l'homme subit des agressions. Au niveau social, nous parlons de personne hostile, lorsqu'un individu devient notre ennemi et qu'il manifeste des intentions agressives à notre encontre (Larousse, 2020).

Ainsi, cette hostilité peut s'exprimer à plusieurs niveaux. Au niveau micro-individuel, un individu peut ainsi montrer son hostilité. Au niveau macro-sociétal, une foule entière peut aussi être hostile à une réforme et exprimer son désaccord.

Au sens propre, le territoire hostile se définit comme un espace où le négociateur va subir des agressions, où il devra faire face à l'esprit de lutte de son interlocuteur. Au sens figuré dans le contexte de la négociation, le territoire devient hostile quand la taille de la zone d'accord possible est réduite ou inexistante : soit parce que nous sommes dans l'incapacité de tracer les contours de la zone d'accord possible, soit parce que les conditions situationnelles ne permettent tout simplement pas de trouver un accord...

L'exemple des territoires hostiles de Rome

Marc Aurèle nous a donné un bel exemple de ce qu'est négocier en territoire hostile. Dans l'Antiquité, Rome dominait l'Europe par une force armée et des dispositions tactiques supérieures à celles de ses ennemis. L'Empire romain s'était étendu jusqu'à atteindre des limites capacitaires. Le recrutement des soldats et le financement de la guerre pesaient sur la stratégie d'expansion de territoire de l'Empire. Les frontières de l'Europe du Nord et de l'Asie centrale étaient menacées par des migrations de populations. Marc Aurèle, empereur de Rome, avait compris la nécessité de négocier avec les barbares qui menaçaient les territoires éloignés de Rome. Dilapider ses ressources militaires dans des guerres contre ces barbares pourrait fragiliser l'Empire tout entier en le mettant à la merci d'invasions sur d'autres territoires. Préserver la paix était donc un objectif prioritaire. Il envoya donc des négociateurs porter ses propositions aux barbares. S'ils revenaient de cette mission avec la vie sauve, les négociations continuaient. S'ils ne revenaient pas, la diplomatie prenait fin au profit de la guerre. Dans ses propositions, Marc Aurèle négociait donc la non-agression en échange de terres éloignées. C'est ainsi que ses négociations lui ont permis de ne pas disperser ses ressources militaires et de conserver la cohésion de l'Empire.

L'expression de la violence

Les négociations en territoire hostile riment avec agression, lutte, combat, ennemi et violence. À la lecture ethnologique, nous voyons des réactions violentes dans toutes les strates de la société. Ces images de violence sont extrapolées par les réseaux sociaux et les caisses de résonance médiatiques. Pourtant, les dernières recherches de Steven Pinker, psychologue américain de l'Université d'Harvard, affirment que « nous vivons dans un monde de moins en moins violent... » (Pinker, 2011). Il est vrai que les conflits ont évolué. En effet, les guerres mondiales et meurtrières s'effacent au profit de conflits limités dans des zones de tension moins étendues où le nombre de victimes est plus limité. La guerre évolue dorénavant différemment. La guerre de territoire est remplacée par une guerre idéologique ou commerciale. Le conflit armé est utilisé en moyen ultime de protection. Le conflit s'étend dorénavant sur l'économie des nations. Il n'est donc pas rare que des négociations commerciales internationales prennent des allures de guerre.

À titre d'exemple, il suffit de regarder les négociations entre la Chine et les États-Unis d'Amérique. Elles démontrent la migration d'un conflit physique chaud vers un conflit commercial froid. Les deux méga puissances s'affrontent pour affirmer leur suprématie mondiale non plus sur une conquête de territoire géographique, mais sur une conquête de territoire économique. Cela peut nous rappeler les conflits de guerre froide entre les USA et l'Union des républiques soviétiques durant la seconde moitié du XXe siècle. Il suffit de lire le tweet de Donald Trump en juillet 2018 : « Les droits de douane sont géniaux ! Soit nos partenaires commerciaux négocient des accords équitables avec nous, soit on les attaque à coups de droits de douane. C'est aussi simple que ça. » (Trump, 2018) Les droits de douane sont une arme de pression commerciale pour exiger l'équité des accords. C'est particulièrement dans cet état d'esprit que s'ouvre le territoire hostile dans des négociations diplomatiques.

La violence, quand elle s'exprime, sert de vecteur pour porter un message, une conviction politique, un désaccord formel ou une idéologie. La médiatisation de cette violence permet de peser sur les décisions politiques. Ainsi, on a vu émerger des violences urbaines importantes pendant le mouvement des Gilets jaunes. La contestation populaire s'est transformée en guérilla urbaine pour prendre en otage les décideurs politiques. Comment garder la tête froide quand la contestation est d'une telle violence, et les manifestations à des centaines de mètres du palais de l'Élysée ?

Le terrorisme est aussi l'expression de cette violence hyper moderne. Les maux de la société sont portés aux politiques par la terreur des actes. L'internationalisation et la numérisation de la société sont un accélérateur des confrontations culturelles, idéologiques et identitaires.

Cette violence s'invite aussi en entreprise tant sur des négociations commerciales que sur des négociations sociales. Pour autant, il arrive au dialogue social de s'exprimer violemment. Or, n'est-ce pas un oxymore que de rapprocher dialogue social et violence ? La communication et le dialogue sont les éléments maîtres de la négociation. Ne s'opposent-ils pas à la violence dans cette recherche de solution à un problème donné ? Ange Mancini, ancien chef du RAID et actuel coordinateur du renseignement national, nous donnait une définition imagée mais tellement réaliste de la négociation : « La négociation, ce n'est pas préférer les mots à la place des armes, mais c'est utiliser la parole comme une arme. » (Mancini, cité par Caupenne, 2010). Les mots sont un chemin alternatif à l'utilisation de l'arme pour raisonner ou soumettre son interlocuteur. Nous savons que l'arme est l'outil absolu d'affirmation de la dominance de l'un sur l'autre. Pour autant, la négociation apparaît comme la paix des idées, et non comme la violence des actes.

Nous nous rappelons l'image de la chemise arrachée du DRH d'Air France. Cette image avait fait la une de la presse étrangère. Le modèle social français tant envié à l'étranger était mis en difficulté par des violences extrêmes ? Plus récemment, le plan social chez Conforama a aussi fait parler de lui. Le comité entreprise n'a jamais pu avoir lieu, bousculé par des violences de certains syndicats.

Machiavel nous rappelait que la violence ne devait pas devenir systémique. L'utilité de la violence a du sens seulement pour asseoir son autorité et protéger les siens. « Les actions cruelles et violentes sont faites à propos, lorsqu'on n'en use qu'une seule fois, seulement pour assurer son autorité, et qu'ensuite on les met en usage pour le bien et la protection de ses sujets. » (Machiavel, 1550)

La négociation en territoire hostile rencontre différents types de violences. La violence verbale est la plus commune. La violence psychologique intervient également, tout comme la violence physique, en dernière expression de la volonté de nuire.

La violence verbale

La violence peut aussi s'exprimer de manière verbale. La **violence verbale** est utilisée pour intimider et repousser les limites mentales des négociateurs. Que l'insulte soit liée à la catégorie sociale, au sexe, à la sexualité, au handicap, à une incapacité ou bien aux origines ethniques, elle suggère surtout un rapport au pouvoir entre l'insultant et l'insulté. L'offenseur, en profanant son insulte, se place au-dessus de l'insulté.

Sénèque nous disait : « L'important n'est pas la manière dont l'injure est faite, mais celle dont elle est supportée. » Le négociateur doit rester concentré sur ses objectifs et ne doit pas réagir par la violence verbale. Les menaces de mort sont sûrement l'élément le plus perturbant pour l'homme. Certains utilisent la peur de la mort comme un moyen de pression pour inhiber les prétentions individuelles de la négociation.

La violence psychologique

Pas moins douloureuse, la **violence psychologique** est moins visible que la violence physique. Elle consiste en une dénigration constante et répétée de la victime. Elle peut s'exprimer sous la forme de plaisanteries abaissantes. La violence psychologique peut aussi se fonder sur des jugements, des accusations et des reproches constants à propos de sa victime. Elle peut prendre une dimension émotionnelle plus grave en s'appuyant sur la colère. L'objectif est d'apporter le discrédit sur la personne. Ainsi, la dévalorisation de l'autre est employée pour établir un pouvoir d'ascendant sur elle.

La violence physique

La **violence physique** est une conséquence importante de l'hostilité en négociation. La violence physique consiste en un contact brutal d'un corps sur un autre. Elle peut avoir lieu lors d'une agression, d'une bousculade ou d'un lancer de projectile. La violence physique peut laisser des blessures ou des marques apparentes (ecchymoses, griffures, etc.), mais elle est aussi marquée par des traumatismes invisibles à travers la souffrance psychologique qu'elle génère.

De nombreux cas de négociations sociales ont exprimé une violence importante. Nous avons souligné la chemise arrachée du directeur des ressource humaines d'Air France. Ces images avaient fait le tour du monde médiatique. La violence physique était agrémentée **d'une humiliation publique** extrêmement dommageable pour l'ego de la personne.

Poussée à son extrême, l'hostilité sociale s'exprime par la privation liberté de certains acteurs. Ainsi, la séquestration dans une salle de réunion est le premier degré de la réduction du champ social : priver l'acteur de son interaction sociale pour lui faire renoncer à ses intérêts et le soumettre à l'acceptation d'un accord. À titre d'exemple, de nombreuses séquestrations ont eu lieu dans de grandes entreprises en France : Goodyear, La Poste, etc.

En mai 2010, treize employés de La Poste, majoritairement des cadres de la gestion des ressources humaines, avaient été séquestrés pendant plusieurs heures lors d'un conflit social concernant la restructuration de la distribution courrier du groupe.

Pourtant, l'article 224.1 du Code pénal précise les conditions de condamnation : « Le fait, sans ordre des autorités constituées et hors les cas prévus par la loi, d'arrêter, d'enlever, de détenir ou de séquestrer une personne, est puni de vingt ans de réclusion criminelle. Toutefois, si la personne détenue ou séquestrée est libérée volontairement avant le septième jour accompli depuis celui de son appréhension, la peine est de cinq ans d'emprisonnement et de 75 000 euros d'amende, sauf dans les cas prévus par l'article 224-2. »

Puis nous avons l'enlèvement et l'emprisonnement total, où le sentiment de liberté est totalement inhibé. Au Mexique, 10 000 enlèvements ont lieu par an. Ces enlèvements sont majoritairement crapuleux et sont liés à une demande de rançon. L'enlèvement d'otages est un moyen d'action pour certains groupes terroristes qui souhaitent entamer des négociations à un niveau étatique. L'enlèvement d'otages contraint l'État à l'ouverture d'un canal de communication officiel ou officieux avec les ravisseurs : a minima pour prendre des nouvelles de la santé des otages. Une fois le canal de communication ouvert, la négociation pourra débuter.

La mort : finalité de la violence

Nous parlions de la violence qui s'exprime lors des conflits sociaux en France. Pourtant, des exemples plus lugubres nous rappellent la dangerosité de l'utilisation la violence lors d'un conflit social.
En janvier 2020, une grève avait lieu en Inde pour dénoncer les politiques économiques et sociales du Premier ministre Narendra Modi. Le gouvernement menaçait les grévistes de retenues de salaires et de sanctions disciplinaires. Pour autant, 250 millions d'Indiens se mobilisaient. À Calcutta, dans l'État du Bengale occidental, des affrontements violents entre manifestants et police éclataient. Les manifestants jetaient des pierres sur la police et incendiaient des véhicules. La police tirait à balles réelles pour mettre fin à ces confrontations.

Nous nous rappelons aussi les événements liés à la grève sauvage de Marikana en Afrique du Sud, qui avait fait 34 morts et 78 blessés. Retraçons les faits de ces événements :

Le 10 août 2012, les mineurs manifestaient leur mécontentement en réclamant une hausse de salaire, de 4000 rands à 12 500 rands (de 400 euros à 1250 euros) à leur employeur, la société Lomin (3e plus gros producteur de platine). Ils organisaient une grève sauvage.

Des affrontements éclataient entre les principales organisations syndicales : le National Union of Mineworkers (NUM) et l'Association of Mineworkers and Construction Union (AMCU). Des agents de sécurité et des policiers étaient brûlés vifs lors de ces incidents. Suite à ces incidents, la société Lomin menaçait de licencier les ouvriers en grève et mettait en demeure les ouvriers de reprendre le travail.

Le 16 août 2012, des groupes de grévistes, armés de lances, de machettes et de bâtons, se constituaient. Les mineurs, armés, refusaient de se disperser suite aux appels des forces de l'ordre.

La police tirait sur les grévistes sans tir de sommation : 34 personnes étaient tués dans cet affrontement et 78 sont blessés. Le chef de la police déclarait que la police était en état de légitime défense : « Les policiers ont dû faire usage de la force pour se défendre contre le groupe qui les chargeait. » (Le Monde avec AFP et Reuters, 2012)

S'ensuivit un imbroglio juridico-politique, où d'abord la police était accusée d'avoir menti sur les circonstances du massacre. Les grévistes interpellés lors de la fusillade étaient d'abord inculpés de meurtre, puis cette inculpation fut suspendue. Enfin, les charges de meurtre étaient finalement retirées, seules les charges pour violence publique et rassemblement interdit étaient conservées.

Les phases de l'hostilité

L'hostilité en négociation va s'établir en plusieurs phases :

La première phase est une **hostilité naissante**. Des tensions apparaissent entre les parties. Les parties prenantes changent d'état d'esprit. Une perte d'écoute est avérée et les échanges sont de plus en plus tendus. L'interlocuteur se transforme en adversaire. La confiance en l'autre s'évapore, et la recherche de solution n'est plus une priorité. Au niveau stratégique, il est envisagé que la négociation ne pourra aboutir. Des mesures de prévention sont prises dans le cas où aucun accord ne peut être trouvé. Les premiers calculs sont faits pour comprendre quels seront les dommages en cas de rupture de la relation.

La deuxième étape est une **hostilité persistante**. Les incompréhensions sont constantes. Les acteurs ne font plus la différence entre les faits et leurs interprétations. Des amalgames s'enchaînent avec une perte d'objectivité. Les acteurs officialisent leurs désaccords et affinent leurs plans stratégiques. Ils envisagent la séparation et la rupture de la relation. À titre d'exemple, nous pouvons entrevoir le sourcing d'un autre fournisseur ou bien l'isolement de la partie prenante réticente.

Le troisième stade est une **hostilité à nuisance silencieuse**. La relation continue entre les acteurs, mais change d'orientation : l'autre est devenu un ennemi, même s'il n'est pas officiellement reconnu comme tel. La guerre des positions éclate, mais s'exprime en silence. Les acteurs ne distinguent plus les valeurs et les besoins. L'utilisation de moyens malhonnêtes pour parvenir à ses fins n'est plus exclue. Les menaces, les ultimatums et les chantages deviennent courants. Les tentatives de discrédit de l'autre partie sont banales. La calomnie siège à la table des négociations. Le manque de respect et les impolitesses se multiplient. L'inventaire des plans tactiques, ainsi que la préparation des forces en attaque ou en défense, sont à l'ordre du jour. La guerre d'influence se met silencieusement en place.

La quatrième phase est une **hostilité violente**. C'est un véritable désir de nuire à l'intégrité de son opposant. Il est vu officiellement comme un ennemi. La violence verbale s'installe et invite les insultes dans les discussions. La violence physique prend le relais quand la crise émotionnelle est à son paroxysme. Les sabotages ou les détériorations sonnent l'état de guerre.

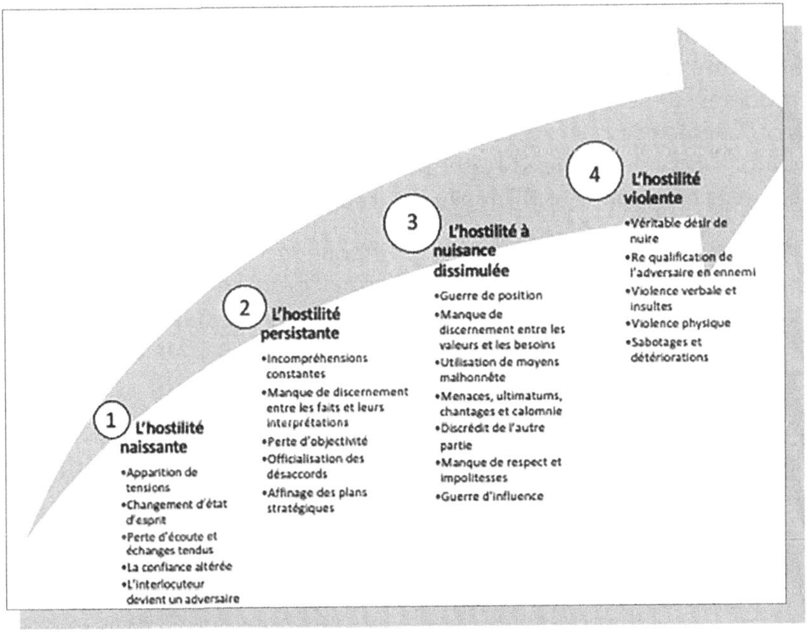

Figure 8 : L'hostilité en négociation

LES CAUSES DE L'HOSTILITÉ EN NÉGOCIATION

Nous allons nous interroger sur les causes de cette hostilité. La crise devenue systémique est marquée par le manque d'abondance et la rareté du profit. Elle a rendu moins vertueux et plus violents les modèles de négociation. Le gagnant-gagnant et la relation durable sont contestés pour un profit égoïste et court-termiste. Au niveau sociétal, l'individualisme et l'égoïsme se sont infiltrés dans les relations sociales et rendent conflictuelles les relations et les négociations.

Hobbes soulignait d'ailleurs la compétition comme une des trois causes du conflit : « Nous trouvons dans la nature de l'homme trois causes principales de querelle : premièrement le désir de compétition, deuxièmement la méfiance, troisièmement l'orgueil. » (Hobbes, 1651)

Le manque d'abondance, ainsi que, comme le suggérait Hobbes, la volonté de dominance l'orgueil et l'ego sont autant de causes que nous allons explorer.

Le manque d'abondance

" Qu'est-ce que l'abondance ? Un mot et rien de plus, le nécessaire suffit au sage. "

Euripide

Le manque d'abondance est assurément l'élément le plus notable pour produire de l'hostilité en négociation. Fisher et Ury se sont appuyés sur l'image des parts d'un gâteau pour illustrer leur apport conceptuel. Deux négociateurs A et B se disputent le reste d'un gâteau illustré dans la figure ci-dessous. Chacun souhaite optimiser sa part du gâteau. Lorsqu'un des négociateurs agrandit sa part, il le fait au détriment de l'autre qui réduit son morceau (Fisher & Ury, 1981).

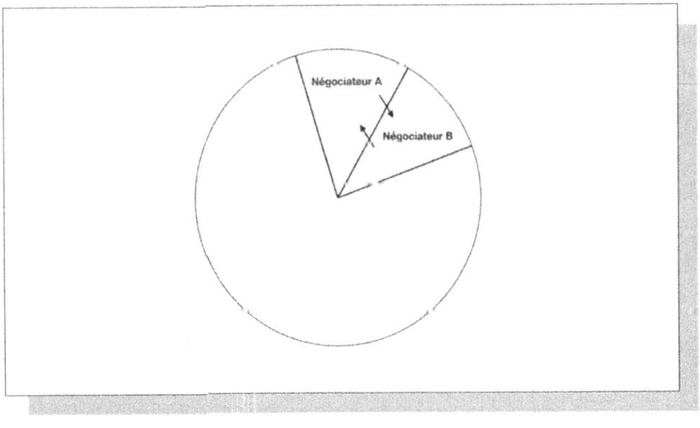

Figure 9 : Fixed pie (Fisher & Ury, 1981)

Fisher et Ury proposaient de réfléchir sur les modalités d'agrandissement du gâteau pour que les acteurs créent de la valeur dans leur négociation. Nous parlons alors de négociation gagnant-gagnant.

Si nous élargissons le cercle, nous créons de la valeur supplémentaire qui sera répartie aux acteurs (cf. zone grisée dans le schéma ci-dessous).

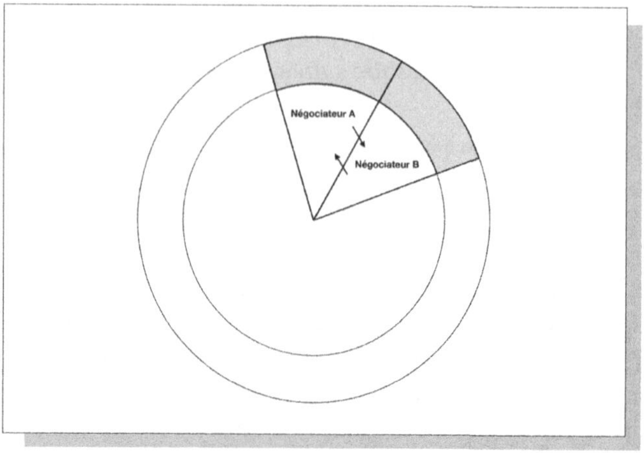

Figure 10 : Fixed pie et création de valeur (Fisher & Ury, 1981)

A contrario de que promeut la négociation raisonnée, la négociation en territoire hostile intervient quand les parts du gâteau se rétrécissent. C'est précisément le manque d'abondance qui engendre l'hostilité de la négociation.

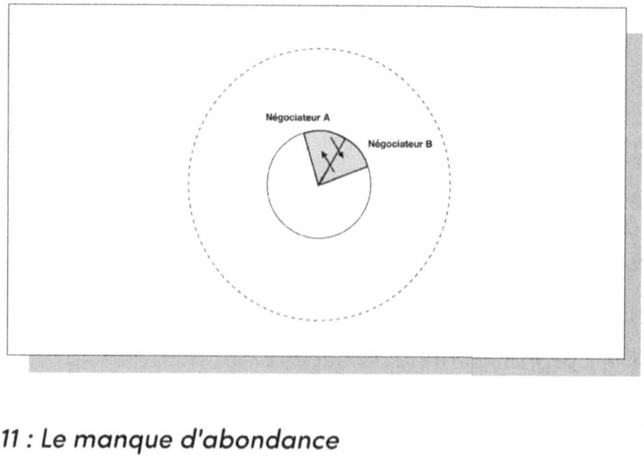

Figure 11 : Le manque d'abondance

La volonté de dominance

" Qui domine les autres est fort.
Qui se domine est puissant. "

Lao Tseu

Pour Hobbes, les hommes sont égaux tant sur le corps que sur l'esprit. Il distingue bien une différence sur la force physique et la rapidité de l'esprit, mais qui n'est pas notable pour prendre l'ascendant sur l'autre. « La nature a fait les hommes si égaux en ce qui concerne les facultés du corps et de l'esprit que, bien que l'on puisse trouver parfois un homme manifestement d'une force physique supérieure ou d'un esprit plus rapide qu'un autre, tout bien considéré, la différence d'un homme à un autre n'est toutefois pas si considérable qu'un homme puisse à cet égard réclamer pour lui-même un avantage auquel un autre ne puisse prétendre aussi bien que lui. » (Hobbes, 1651) Hobbes voit l'inégalité comme source du conflit. Les hommes se combattent pour obtenir seuls ce qu'ils convoitent.

A contrario, Marx pointe l'inégalité comme la source du conflit. La lutte des classes est le fondement de sa pensée. Toute société est divisée et structurée de manière hiérarchique. « L'histoire de toute société jusqu'à nos jours n'a été que l'histoire de luttes de classes. » (Marx & Engels, 1848) Les classes sociales se disputent la valeur créée : d'un côté, les bourgeois détiennent le capital, tandis que les prolétaires détiennent la force du travail. La pensée marxiste tend à un schéma pyramidal de la bipolarisation sociale entre un dominant (le bourgeois) et un dominé (le prolétaire). Ce schéma de dominant et de dominé n'est pas sans nous rappeler le rapport à la compétition. Le gagnant souhaite démontrer sa supériorité et soumettre son adversaire.

Du manque de confiance vers la méfiance et la défiance

> *" On est plus souvent dupé par la défiance que par la confiance. "*
>
> Cardinal de Retz

Le manque de confiance est aussi un générateur d'hostilité en négociation. Alain Lempereur, professeur de l'Université Brandeis et professeur affilié au Programme de négociation d'Harvard, pointait l'importance de la confiance en négociation (Lempereur, 2016). La confiance est une mécanique de simplification de la complexité de la sphère sociale. L'individu qui accorde sa confiance doit supposer que l'autre lui veut du bien et qu'il ne voudra jamais menacer ses intérêts. En effet, la confiance apporte plus de sérénité pour négocier.

Pourtant, c'est tout le contraire qui s'établit en territoire hostile. Nous passons d'une confiance supposée nécessaire vers une méfiance certaine. Le négociateur est souvent suspicieux des intentions de ses interlocuteurs. L'autre partie ne vous veut pas forcément du bien quand ses intérêts sont menacés. Or, cette méfiance est tellement contagieuse qu'elle bloquera l'ensemble des acteurs dans leurs prises de décision. Elle muera en défiance. La défiance va anéantir la sérénité nécessaire à l'instauration d'une interaction social saine et durable. Les comportements de défiance vont apparaître : agacement, perte de sang-froid, dispute, refus de la règle, irrespect, défiance des personnes porteuses de l'autorité et remise en cause du rapport hiérarchique.

L'orgueil et l'ego

L'orgueil et l'ego sont montrés comme une cause de l'hostilité.

L'orgueil

Le mot « orgueil » vient du latin « superbia ». L'orgueil est le premier des sept péchés capitaux. Il se résume en une estime exagérée, un amour excessif de soi-même qui mène à une profonde conviction de sa supériorité (Centre national des ressources textuelles et lexicales, 2020).

L'ego

Le terme « ego » est tiré du pronom personnel grec « je » ou « moi ». L'ego est la représentation de la conscience de nous-même. L'ego élabore le sentiment d'existence individualisée. Il s'appuie sur nos succès et nos échecs pour se nourrir et se construire.

La différence entre l'orgueil et l'ego se situe au niveau de la direction envers qui cet état se dirige. L'orgueil se situe entre nous et les autres, tandis que l'ego se place entre nous et nous. L'ego est principalement silencieux, tandis que l'orgueil est loquace. L'ego cherche à convaincre son propre état mental. L'orgueil vise à frimer envers les autres.

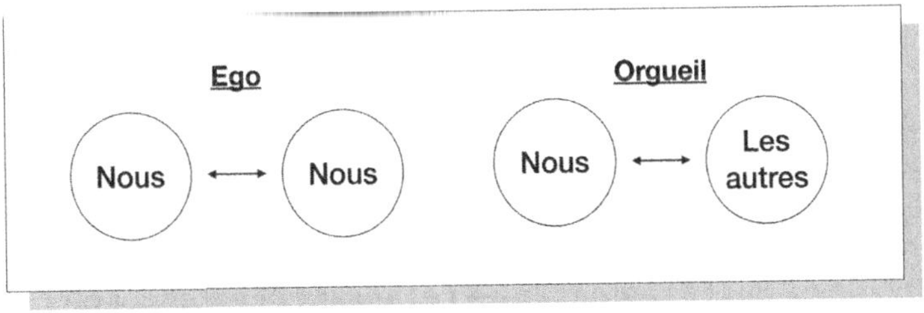

Figure 12 : L'orgueil et l'ego

Au titre de la psychanalyse, l'orgueil est une hypertrophie du moi et la surestimation personnelle (Centre national des ressources textuelles et lexicales, 2020). Nous devons définir le concept de l'ego (le moi) tel qu'il a été défini par Freud pour comprendre ses implications dans la construction de l'hostilité en négociation.

L'analyse freudienne

Dans sa théorie psychanalytique, Freud a développé les concepts de ça, de surmoi et de moi pour s'approcher de l'appareil de l'âme (Freud, 1989).

Le « **ça** » évoque les instincts, les pulsions, les envies, les désirs de chacun. Le « ça » cherche essentiellement la satisfaction et le plaisir. Il est à la base de la pyramide développée par Abraham Maslow (cf.Figure 22). Ainsi, l'instinct de survie, l'instinct de reproduction, l'instinct de domination, l'instinct de destruction sont l'expression du « ça ». Il est autocentré et n'accepte pas les filtres de la morale, des valeurs ou de l'affectif. L'amygdale, aussi appelée le « cerveau reptilien », va réguler ces instincts en fonctionnant comme un système d'alerte.

« C'est la partie la plus obscure, la plus impénétrable de notre personnalité. Chaos, marmite pleine d'émotions bouillonnantes. Il s'emplit d'énergie, à partir des pulsions, mais sans témoigner d'aucune organisation, d'aucune volonté générale ; il tend seulement à satisfaire les besoins pulsionnels, en se conformant au principe de plaisir. Le ça ne connaît et ne supporte pas la contradiction. On n'y trouve aucun signe d'écoulement du temps. » (Freud, 1989)

Le « **surmoi** » s'appuie sur l'éducation reçue. Nous parlons d'éducation au sens large, c'est-à-dire l'ensemble des connaissances intellectuelles, culturelles, morales acquises par l'individu durant sa vie. Ainsi, les valeurs inculquées par son environnement familial, social, scolaire, personnel, professionnel, religieux dresseront une dichotomie morale en discernant le bien du mal. Le « surmoi » est l'intériorisation de l'acceptation des règles, des exigences et des interdits. Il est la contremesure qui permet d'empêcher de libérer ses pulsions. Si l'on enfreint la règle, le surmoi va engendrer de la culpabilité, voire de la honte. A contrario, elle permettra une image positive de soi et la socialisation de l'être si l'on se conduit comme la

loi intérieure l'exige. Le « surmoi » est souvent représenté comme la petite voix intérieure qui va orienter nos décisions.
Le « **moi** » établit la liaison entre le « ça » et le « surmoi ». Freud décrit le moi comme la « pauvre créature, devant servir trois maîtres » (Freud, 1989). Ainsi, sous les pressions instinctives du « ça », il sera soit refoulé, soit accepté.

C'est-à-dire qu'il est en combat permanent entre les menaces de l'environnement, les instincts du « ça » et les normes intrinsèques propres à chaque individu (le « surmoi »).

Des tensions et une angoisse certaine apparaissent.

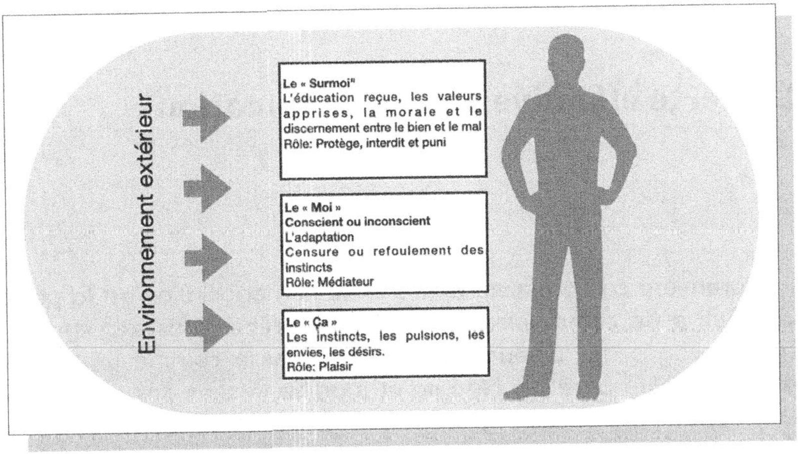

Figure 13 : « Ça, moi et surmoi » (Freud, 1989)

Kant nous disait : « Or ce maître, à son tour, est tout comme lui un animal qui a besoin d'un maître. » (Kant, 1993) Kant pensait que l'humain a besoin d'un maître dès lors qu'il évolue avec autrui. Il mettait en avant la notion de dominance et des pouvoirs concentrés autour de l'homme.

LES CONSÉQUENCES DE L'HOSTILITÉ EN NÉGOCIATION

"Tout refus de communiquer est une tentative de communication ; tout geste d'indifférence ou d'hostilité est appel déguisé."

Albert Camus

La perte effective de communication

La première conséquence de l'hostilité en négociation est la perte effective de communication. Les incompréhensions subviennent. Les messages des acteurs tournent en boucle comme un disque rayé. L'hostilité paralyse l'écoute et modifie le sens des messages. Une asymétrie des messages s'établit entre le message envoyé et le message reçu.

Afin de comprendre comment cette perte de communication opère, nous devons comprendre quelles sont les dynamiques de la communication.

Comprendre les dynamiques de la communication

Shannon et Weaver étaient chargés pendant la Seconde Guerre mondiale de décrypter le code de la machine allemande connue sous le nom « Enigma ». Pendant leurs recherches au sein du laboratoire de Bell, ils ont développé le modèle de la communication (Shannon

& Weaver, 1948). Ce modèle trace les fondamentaux du processus de communication.

Une source produit un message qu'un émetteur code en signal. Ce message est envoyé à travers un canal. Le destinataire recompose le signal et décode le message de l'émetteur. Le canal de communication peut être technique (téléphone, télévision, radio, etc.) ou bien lié à nos organes sensoriels qui réagissent aux stimulus de l'environnement.

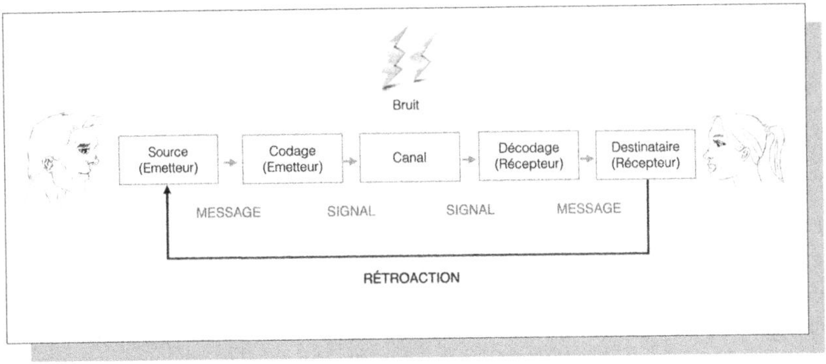

Figure 14 : Schéma de la communication selon Shannon & Weaver (1963)

Albert Mehrabian a par la suite classé la communication en 3 typologies distinctes : la communication verbale, paraverbale et non verbale (Mehrabian & Wiener, Decoding of Inconsistent Communications, 1967).

La communication verbale

La communication verbale englobe le vocabulaire, la syntaxe, la sémantique et les figures de style.

Le vocabulaire

Le vocabulaire est l'ensemble des mots utilisés par l'émetteur pour envoyer son message. Il permet une précision de la pensée. Par ailleurs, l'analyse du vocabulaire permet de reconnaître des termes spécifiques à certaines professions ou à certaines disciplines. Ainsi, un médecin n'aura pas le même vocabulaire qu'un avocat. Dans le contexte de l'entreprise, cette analyse s'applique également aux différentes compétences internes. Ainsi, un responsable financier utilisera un vocabulaire spécifique à sa fonction, tout comme les autres branches organisationnelles qui composent l'entreprise.

La syntaxe

La syntaxe est définie comme la partie de la grammaire traditionnelle qui étudie les relations entre les mots constituant une proposition ou une phrase, leurs combinaisons, et les règles qui président à ces relations, à ces combinaisons (Centre national des ressources textuelles et lexicales, 2020).

La sémantique et les figures de style

La sémantique étudie la signification des unités linguistiques et de leurs combinaisons. Enfin, les figures de style complètent le champ de la communication verbale. De nombreuses figures de style permettent d'exprimer sa pensée. Il existe plusieurs types de figures de style qui faciliteront l'amplification, l'opposition, l'insistance, l'atténuation ou la substitution d'une idée. Les figures de style les plus connues sont l'allégorie (abstraction d'une idée par une image concrète), l'accumulation (accumulation de mots et termes qui apportent un maximum d'information), l'hyperbole (longue énumération, utilisation de mots intensifs ou de préfixes ou suffixes comparatifs ou superlatifs), l'oxymore (utilisation de deux termes contraires au sein d'un groupe de mots), la métaphore (utilisation d'un objet ou d'une idée par un mot utilisé par un autre objet), l'anaphore (répétition d'un même mot ou expression au début de chaque phrase « moi Président »), etc.

La communication paraverbale

La communication paraverbale s'appuie sur le ton de la voix, le débit de parole, la respiration et les silences.

Le ton de la voix

La perception du message sera différente en fonction de l'intonation de la voix. Ainsi, un message recevra une perception psychologique différente en fonction du ton de la voix employé. Le ton de voix peut être grave ou plus aigu. Une voix grave aura plus de chances de porter efficacement le message. Une voix trop grave pourrait être perçue comme autoritaire. Une voix aiguë aura plus sa place dans des négociations informelles. Une voix trop aiguë pourrait démontrer un manque de crédibilité. Il est donc important de travailler son timbre de voix, voire de l'échauffer avant son intervention.

Le volume de la voix

Le volume de la voix intervient également dans la perception du message. Un volume de voix trop élevé sera perçu comme autoritaire et dominant. Il permettra certes que le message soit entendu par le récepteur, mais il engendrera un bruit important nuisible à la communication dans des échanges collectifs. A contrario, un volume de voix faible pourra être compris comme une docilité d'esprit. Il favorisera toutefois de la proximité dans l'échange. Il se peut qu'un volume de voix trop faible ne permette pas au récepteur de recevoir le message dans des discussions de groupe. Il faudra trouver le volume de voix adéquat en fonction de l'environnement dans lequel vous évoluez.

Le débit de parole

Le débit de parole montre la capacité de l'émetteur à gérer l'émission des messages. Une personne qui parle lentement aura un meilleur indice de réception de ses messages. Parler doucement a une qualité apaisante, voire soporifique dans l'excès. A contrario, une personne qui parlera rapidement pourra générer de l'incompréhension, même du stress. Une personne qui parlera rapidement avec une personne dont la capacité de traitement des messages est limitée verra sa communication inefficace. Il est important de s'aligner avec ses interlocuteurs.

La respiration

La respiration est un indicateur important du degré d'inquiétude. Ainsi, une respiration rapide et séquencée montrera une anxiété, un stress important ou un effort intense. Une respiration calme et profonde révélera quiétude et sérénité.

Le silence

Confucius disait : « Le silence est un ami qui ne trahit jamais. » En effet, le silence est un allié précieux en négociation. D'une part, il évite de révéler des informations cruciales à notre interlocuteur. Il permet aussi d'inciter le calme à revenir à la table des négociations. Le silence plein est un silence actif. Il permet de s'octroyer du temps pour la réflexion : soit pour préparer sa réponse, soit pour réévaluer les informations que l'on vient de recevoir.
Le silence vide ou silence creux est, comme son nom l'indique, un silence vide de réflexion. Celui-ci peut s'exprimer à cause de la fatigue, de l'ennui ou si une partie prenante contraint un sujet à ne pas parler. Le silence vide est aussi une merveilleuse technique de questionnement. Nous en parlerons plus loin dans ce livre.

Beaucoup pensent que le silence est vide de sens car il n'exprime rien. Pourtant, bien des comportements utilisent le silence, mais ils expriment des choses différentes :

- Une personne offensée peut se réfugier dans le silence pour s'isoler du mal qu'on lui a fait et ne pas montrer ses émotions,
- Une personne peut rester silencieuse car elle est captivée par les mots prononcés et elle ne souhaite pas perturber son écoute et le schéma de communication,
- Une personne qui s'ennuie par le manque d'attractivité des débats et qui se met en retrait de la réunion,
- Une personne qui reste silencieuse pour ne pas discréditer les paroles s'un supérieur ou pour respecter l'ordre hiérarchique,
- Une personne dont le silence exprime la perplexité de ce qu'elle entend.

Tous ces exemples utilisent le silence, mais pour des raisons qui sont complètement différentes. Le négociateur devra comprendre dans quel contexte est utilisé le silence pour pouvoir essayer de l'interpréter.

La communication non verbale

La communication non verbale s'établit sur la posture, le regard, la gestuelle, l'expression faciale, la proxémie et la congruence. Notre communication non verbale influence ce que les autres pensent de nous, comme nous sommes nous aussi influencés par la posture des personnes avec qui nous négocions pour établir nos jugements. L'émission et la réception de signaux de langage non verbaux se produisent à des niveaux de conscience et d'inconscience. Nous dresserons dans ce chapitre un bref inventaire des comportements non verbaux souvent observés en négociation. Pour ceux qui désirent aller plus loin dans un développement de l'appréciation des gestes, la synergologie pourra leur apporter des pistes de réflexion supplémentaires.

Le regard

Le proverbe dit que « les yeux sont le miroir de l'âme ». En effet, nous pouvons voir beaucoup de choses à la lumière d'un regard. Nous lisons l'émotion de la personne, son humeur, sa compréhension des messages. Il laisse aussi apparaître les traits de caractère, la personnalité de la personne. Un regard fuyant est perçu comme peu fiable, voire hypocrite. Un regard trop appuyé est, lui, analysé comme un excès de confiance, ou une tentative d'intimidation.

La synergologie[2] suppose qu'en fonction de la direction du regard, différentes parties du cerveau s'activent et présument des fonctions cérébrales particulières. Ces conclusions ne sont pas unanimes, et ont été infirmées par de nombreux universitaires. À titre personnel, je pense que la négociation est suffisamment riche en échanges d'informations. Le négociateur a donc suffisamment d'éléments à analyser avant sa prise de décision. Se concentrer sur le regard de la personne pour des détails dont la fiabilité n'est pas avérée risque de lui faire perdre des informations bien plus utiles.

---

2 Discipline de la communication qui étudie le langage non verbal

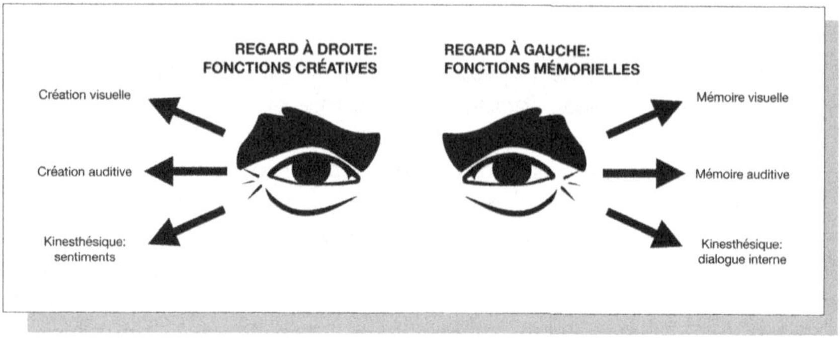

Figure 15 : Théorie des 4 cadrans (pour les droitiers)

L'expression faciale

L'étude de l'expression faciale est extrêmement importante en négociation. Des recherches menées par Alex Todorov de l'Université de Princeton ont montré qu'il ne faudrait que 34 millisecondes à observer le visage d'une personne pour se faire une impression sur la personne (Todorov, Olivola, Dotsch & Mende-Siedlecki, 2015). 100 millisecondes suffiraient pour savoir si la personne est compétente, digne de confiance, agressive ou sympathique (Todorov A. , 2017). Même l'appréciation de la compétence des candidats d'une élection dépendrait à 70 % du visage des candidats (Todorov A. , 2017).

Nous savons que le sourire permet d'établir la sympathie d'une personne. Selon Todorov, le sourire serait également un accélérateur de confiance (Todorov A. , 2017). Une notion qu'un négociateur se doit de prendre en compte.

La lecture de l'expression faciale est innée. Un jeune enfant arrive sans mal à lire l'expression des émotions sur le visage de ses parents. Au fil du temps, nous apprenons à contrôler l'expression de nos émotions. En négociation, nous appelons cela le « Poker face[3] ». Nous mettons un masque sur notre visage pour voiler ce que nous pensons et ce que nous montrons. De manière figurée, les Japonais ont illustré l'idée du masque dans la société à travers les concepts de « Honne » et « Tatamae ». En effet, les masques ont toujours occupé une importance particulière dans la culture japonaise. Au théâtre, ils favorisent l'incarnation du personnage ou l'expression d'une émotion.

3 Traduit de l'anglais par « tête de joueur de poker » : la non-expression des émotions pour cacher ses vrais sentiments.

L'acteur disparaît au profit du masque porteur d'une signification particulière.

Le « Tatamae » représente les obligations sociales, le comportement public de la personne adaptée pour la vie en société : le visage masqué. Tandis que le « Honne » porte les pensées plus intimes, les sentiments profonds et l'opinion personnelle de l'individu : le vrai visage. La compréhension du « Honne » et le « Tatamae » permettent de mieux appréhender certains comportements des Japonais. Par exemple, si vous offrez un cadeau à votre hôte, ne vous attendez pas à ce qu'il l'ouvre en votre présence. Il préférera l'ouvrir sans vous, non pas pour vous offenser, mais par peur de laisser apparaître le « Honne ».

Les émotions

Paul Ekman, psychologue américain, a été un des pionniers en décryptage des émotions, et a dédié son travail à la lecture des micro-expressions du visage. Dans son ouvrage « Unmasking the face », il nous propose d'apprendre à décoder les micro-expressions (Ekman, Unmasking the Face: A guide to recognizing emotions from facial expressions, 2003). La lecture des micro-expressions passe par la compréhension des émotions exprimées par le visage.

En 1972, il avait dressé une liste composée de six émotions primaires : la tristesse, la joie, la colère, la peur, le dégoût, la surprise. Il complétait en 1992 son apport en élargissant à dix comportements sa liste d'émotions : l'amusement, le mépris, la satisfaction, la gêne, l'excitation, la culpabilité, la fierté dans la réussite, le soulagement, le plaisir sensoriel, la honte.

D'autres chercheurs se sont intéressés au rôle de l'émotion dans les comportements. Ainsi, Plutchik et Izard avaient une approche beaucoup plus biologique, inspirée par les travaux de Charles Darwin.
Ils ont exposé le rôle important de l'émotion dans l'amélioration du processus de survie des espèces (Richins, 1997). Ces émotions prennent en considération la notion de lutte pour la survie, et sont transposables à tous les niveaux du royaume animal (Richins, 1997). Plutchik a ainsi identifié huit émotions : l'acceptation, la colère, l'anticipation, le dégoût, la joie, la peur, la tristesse, la surprise. Izard a dressé une liste plus dense : la joie, la surprise, la colère, la peur, la tristesse, le mépris, la détresse, l'intérêt, la culpabilité, la honte, l'amour.

Nous remarquerons que les auteurs ne sont pas unanimes sur l'inventaire des émotions, or nous noterons que la colère et la peur sont présentes dans les travaux des trois auteurs. C'est justement ces émotions qui nous intéressent dans le cas de négociations en territoire hostile, car elles vont réveiller nos instincts primitifs.

Nous avons listé dans le tableau ci-dessous, les émotions primaires recensées par chaque auteur *(cf. Figure 16)*

Travaux des auteurs	Liste des émotions
IZARD (1977)	Joie, surprise, colère, peur, tristesse, mépris, détresse, intérêt, culpabilité, honte, amour
PLUTCHIK (1980)	Acceptation, colère, anticipation, dégoût, joie, peur, tristesse, surprise
EKMAN (1992)	Colère, peur, tristesse, joie, dégoût, surprise

Figure 16 : Les émotions primaires selon (Izard, 1977), (Plutchik, 1980) et (Ekman, 1992)

La colère

La colère se manifeste par un profond mécontentement ou une irritation plus légère. Elle intervient suite à une blessure (du corps ou de l'esprit), une humiliation ou une vexation. La colère est la réaction impulsive suite à une situation jugée défavorable pour soi. La colère est une émotion puissante qui est capable de mobiliser beaucoup d'énergie. Elle est facilement reconnaissable par autrui.

Notifications physiologiques : Les sourcils s'orientent vers le bas et ensemble. Les yeux scintillent. Les lèvres se rétrécissent. Le visage prend des couleurs rouges.

La colère exprime un besoin de respect ou un besoin de réparation.

La peur

La peur intervient lors de la prise de conscience d'une menace ou bien d'un risque, existant ou imaginaire. La peur peut prendre différentes formes : la peur de mourir, la peur de souffrir, la peur d'être ignoré, la peur d'être sous-estimé, la peur d'être sous-employé, la peur d'être instrumentalisé, la peur d'être mal aimé.

Notifications physiologiques : Les sourcils se lèvent et se rapprochent. Les paupières supérieures se relèvent, tandis que les paupières inférieures se tendent. Les lèvres s'étirent vers l'arrière jusqu'aux oreilles. Des tremblements peuvent apparaître.

La peur exprime surtout un besoin de sécurité. Elle peut se retrouver dans un manque de reconnaissance, un manque de statut ou de rôle au sein d'une organisation sociale, un manque d'autonomie ou enfin une carence d'affection.

La tristesse

La tristesse se manifeste suite à un manque ou à la perte d'une valeur affective d'une personne ou d'un objet. La tristesse a pour conséquence un renfermement sur soi-même. Elle permet de comprendre la subordination de nos besoins. Elle est aussi une étape de questionnement à la recherche de raison et d'explication sur ce qui nous fait du mal.

Notifications physiologiques : Les paupières supérieures tombent, les yeux se perdent dans le vide, les lèvres s'inclinent légèrement vers le bas. Des larmes ou des sanglots peuvent s'exprimer dans le cas de profondes tristesses.

La tristesse suppose un besoin de réconfort ou un besoin d'isolement...

La joie

La joie est provoquée par la concrétisation d'un désir ou l'achèvement d'un projet porteur de motivations. Elle entraîne un sentiment de plaisir intense ou une satisfaction plus modérée. La joie est une émotion d'ouverture, car elle s'exprime facilement aux autres. Elle apporte un sentiment de plénitude agréable.

Notifications physiologiques : Les coins des yeux se rident (rides de la patte d'oie). Les joues se gonflent et sont tirées par l'expression du sourire.
La joie révèle un besoin de partage.

La surprise

La surprise découle d'une situation non prévue ou de circonstances non attendues. Elle est une émotion de transition qui se manifeste sur une très brève durée. Elle laisse sa place ensuite à une autre émotion : la tristesse, la joie, etc.

Notifications physiologiques : Les sourcils se lèvent, les yeux s'agrandissent et la bouche s'ouvre.

La surprise exprime un besoin de réconfort quand elle tire vers la tristesse. Or, la surprise révèle un besoin de partage quand elle est joyeuse.

Dégoût

De manière primaire, le dégoût est une émotion qui alerte sur une situation nocive : à travers soit une odeur, soit un goût. Le dégoût exprime également une apposition à notre système de valeur. Par exemple, nous éprouvons du dégoût quand nous voyons des personnes manger des insectes ; pourtant, cela est monnaie courante dans certaines cultures. Le dégoût montre le rejet de la situation ou de la personne qui en est la cause.

Le nez se plisse et fait apparaître des rides. La lèvre supérieure se lève et se fige.

Le dégoût indique un besoin de compréhension de la raison originelle de cette émotion. Celle-ci peut aussi révéler un besoin de partage du ressenti.

La posture

La posture du corps indique la position du corps dans l'espace. L'ouverture de nos membres sur notre corps souligne notre capacité de faire face à la situation. Nous avons tendance à nous ouvrir quand nous nous sentons puissants et en contrôle. Les personnes qui abordent des postures ouvertes ont tendance à être considérées comme plus affirmées, plus confiantes, plus optimistes. A contrario, nous nous refermons quand nous nous sentons impuissant, nous nous recroquevillons, nous essayons de nous faire tout petit. La fermeture de nos membres sur notre corps est interprétée comme une soumission ou une incapacité de faire face à une situation.

Les bras croisés laisseront supposer une posture défensive. Les bras et les jambes croisés confirmeront la probabilité d'une posture défensive de la personne. Lorsque les bras et les jambes sont croisés, que les poings sont fermés et que les sourcilles sont froncés, la posture défensive se prononce et risque de s'inverser vers une posture d'hostilité offensive.

Amy Cuddy, psychologue et professeur de l'Université d'Harvard, Dana Carney, professeur de l'Université de Berkeley, et Andy Jap, professeur à l'INSEAD, nous affirment que nous sommes aussi influencés par notre propre posture. Ils ont étudié les comportements sous le prisme de deux hormones clés : la testostérone (hormone de la dominance) et la cortisol (hormone du stress). Ils en sont venus à ces conclusions : la posture entraîne des changements à la fois psychologiques et comportementaux. Une posture ouverte (dite « power pose ») entraîne une élévation de l'hormone de dominance (la testostérone) ainsi qu'une réduction de l'hormone du stress (la cortisol) (Cuddy, Carney, & Yap, Power Posing: Brief Nonverbal Displays Affect Neuroendocrine Levels and Risk Tolerance, 2010). Il nous est donc conseillé de prendre des positions ouvertes pendant deux minutes avant un grand événement pour paramétrer notre cerveau et inciter la production des bons neurotransmetteurs.

Une étude croisée entre les hormones et les émotions a été réalisée par un chercheur de l'université de Umeá en Suède. Cette étude a permis d'établir un modèle tridimensionnel connu sous le nom de « cube de Lövheim ». Les émotions primaires sont réparties sur trois axes hormonaux : la dopamine, la sérotonine et la noradrénaline (Lövheim, 2012). Si l'hypothèse de ces recherches se révèle exacte, chaque émotion se base sur un cocktail hormonal. La connaissance de ce modèle permet au négociateur de prendre en compte que les émotions contrôlent nos neurotransmetteurs, et vice versa, que nos neurotransmetteurs contrôlent nos émotions. Soyons donc certain d'être sous la perfusion des bonnes hormones avant toute prise de décision.

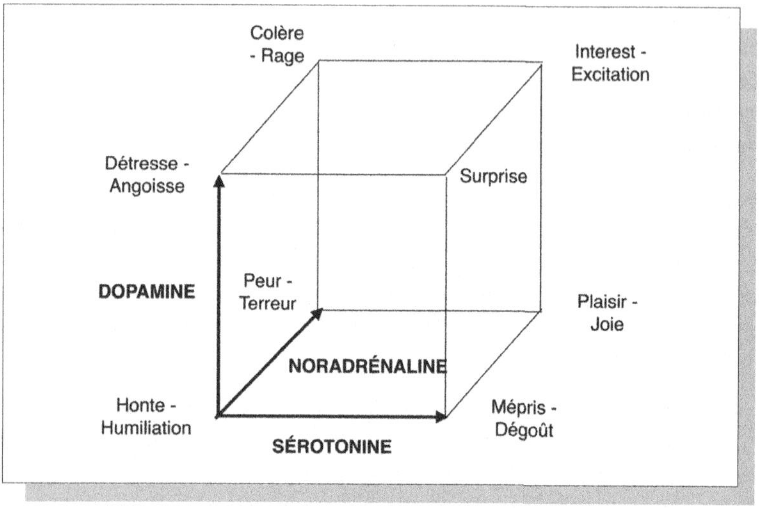

Figure 17 : Cube de Lövheim (2012)

La gestuelle

La gestuelle est l'ensemble des mouvements qui ont une signification dans un système de communication. À titre d'illustration, nous applaudissons avec nos mains pour montrer notre satisfaction collective. Nous hochons la tête d'avant en arrière quand l'on s'accorde avec quelqu'un ou pour exprimer un oui, tandis que nous effectuons une rotation de la tête de la droite vers la gauche pour montrer un désaccord ou signifier le non. Nous connaissons la plupart des significations de la gestuelle de notre culture. Or, ces interprétations ne sont pas universelles. En Inde, par exemple, on hoche la tête de droite à gauche pour exprimer un peut-être ou peut-être pas. Si l'on hoche d'avant en arrière une fois, cela signifie qu'il faut que l'on se rapproche. Le négociateur doit bien comprendre les codes qui

régissent la culture dans laquelle il négocie. Il pourra ainsi décoder la signification des mouvements de ses interlocuteurs.
Pareillement, l'analyse de la répétition ou de la rapidité des gestes nous donnera un état d'appréciation de la négociation. Ainsi, un sujet qui aura des mouvements rapides et répétés exprimera son agacement ou son impatience. La personne peut être agacée parce que les voies empruntées de la négociation ne sont pas celles qu'elle souhaitait, ou bien parce que la dynamique de négociation n'est pas à son goût.

Les positions des mains sur le visage apportent des éléments de lecture de la communication non verbale.

La concentration

Une main portée sur le front de la personne démontre son état de concentration.

La perplexité

La main qui maintient la bouche comme si l'on touchait son menton reflète la perplexité.

Image 1: La concentration

Image 2: La perplexité

L'inquiétude

La face de la main portée à la bouche comme si l'on mangeait sa main exprime de l'inquiétude.

La réflexion

Les deux mains croisées entre elles devant la bouche révèlent un état de réflexion.

Image 3: L'inquiétude

Image 4: La réflexion

Les « Soft touchs[4] » exprimeront un besoin de laisser se dissiper un stress soudain dû à une situation d'inconfort. Elles consistent en un léger toucher ou grattage d'une partie du corps de la personne. L'inconscient s'exprime souvent de manière silencieuse dans ces soft touchs. Le négociateur doit savoir les remarquer. À titre d'exemple, se frotter le cou désigne un ressenti de danger profond.

La congruence

Selon Yves Winkin, il n'est « pas possible d'isoler communication verbale et communication gestuelle » (Winkin, 1989). La communication verbale et la communication gestuelle sont profondément liées. Dans cette analyse, Yves Winkin pointe la nécessité d'aborder la communication dans son ensemble.

4 Soft touch : traduit de l'anglais, signifie « touche douce »

Le concept de congruence développé par Carl Roger dans un son livre « Le Développement de la personne » se définit comme suit :
« La congruence est le terme que nous avons employé pour indiquer une correspondance exacte entre l'expérience et la prise de conscience. Ce terme peut aussi désigner d'une façon plus large l'accord de l'expérience, de la conscience et de la communication. » (Roger, On Becoming a Person: A Therapist's View of Psychotherapy, 1961)

C'est précisément au niveau de la communication que ce concept est totalement applicable au négociateur. Dans le cadre d'une psychothérapie basée sur sa méthode APC[5], Rogers signalait l'importance pour le psychothérapeute d'être aligné avec le « self[6] ». Il désigne le besoin de concordance entre ce qui est exprimé, expériencé et conscientisé. L'objectif de cet alignement est de créer une harmonie entre les personnes et les systèmes.

Pour le négociateur, la congruence au niveau de la communication s'établit lorsqu'il est en accord entre ce qu'il pense, ce qu'il dit et ce que son corps exprime. Si nous ne voulons pas émettre des signaux faibles qui discréditeraient notre pensée, nous devons parler avec honnêteté et authenticité. Nous devons accorder une attention particulière dans l'expression de la communication des autres. Nous reviendrons sur l'importance de l'écoute active plus loin dans ce livre.

La proxémie

La proxémie se définit comme l'étude de la distance sociale. Plusieurs cercles proxémiques décomposent notre espace : le cercle intime, le cercle personnel, le cercle social, le cercle public (Hall, 1984). Le cercle intime se situe de 15 cm à 45 cm autour de soi et accueille son partenaire amoureux ou les membres de sa famille. Le cercle personnel se trouve de 45 cm à 1,20 m et est réservé aux amis proches. Le cercle social s'établit de 1,20 m à 3,60 m et est dédié aux simples connaissances. Enfin, le cercle public se positionne à plus de 3,60 m et nous permet de parler devant un public ou d'interpeller quelqu'un.

Il est bien entendu évident que ces distances dépendent fortement de la culture des personnes. L'orateur doit tenir compte de ces cercles proxémiques pour ajuster le niveau de sa voix en fonction de la distance et de l'espace où se situe son intervention.

5 Méthode APC : Méthode d'approche centrée sur la personne
6 Self : le soi (image de soi, estime de soi, soi idéal), selon Rogers

VERBALE	PARA VERBALE	NON VERBALE
Vocabulaire et sens attribué	Voix	Posture
Sémantique et figures de style	Diction	Proxémie
Syntaxe	Prosodie	Regard
	Respiration	Gestuelle
	Silence	Congruence
7% du discours	38% du discours	55% du discours

Figure 18 : « Communication without words » selon Albert Mehrabian (1968)

Selon une étude d'Albert Merhabian, la communication verbale ne représenterait que 7 %, la communication non verbale que 38 %, tandis que la communication non verbale 55 % de la communication. Si nous nous appuyons sur cette étude, nous dédierons que des négociations par courriel, essentiellement verbales, n'apporte qu'une quantité▯ limitée d'informations : 7 % du discours (Mehrabian & Wiener, Decoding of Inconsistent Communications, 1967). Des négociations par téléphone s'appuyant sur la communication verbale et para verbale formeraient seulement 45 % des informations échangées. Des négociations en présence des acteurs seraient la meilleure solution, car elles délivreraient 100 % de la communication.

Le retour à l'animalité et aux comportements primitifs

" Agir en primitif et prévoir en stratège.. "

René Char

Le retour à l'animalité

Négocier en territoire hostile nous fait retomber dans notre instinct animal. Nos comportements primitifs ressurgissent. Le « Ça » s'exprime, et l'émotion prend le contrôle : peur, colère, etc. D'une part, ces émotions viennent perturber le processus de communication. D'autre part, la contagiosité de ces émotions va modifier le processus d'interaction sociale. L'émotion va être projetée sur l'autre, qui va s'en saisir et réagir. Puis nous rentrons dans une escalade conflictuelle d'action-réaction. Cette spirale destructrice va anéantir les prétentions de dialogue et les ambitions en négociation. En fonction de la valence émotionnelle, ces crises émotionnelles peuvent aboutir à des actions plus ou moins violentes.

Pour certaines personnes, s'opposer est un moyen d'exister. Ils attendent donc les occasions de se confronter aux idées d'autrui pour se sentir exister. Victor Hugo disait bien : « Être contesté, c'est être constaté. » (Hugo, 1901)

La problématique est que l'escalade d'action-réaction va naturellement vous entraîner dans cette chaîne de comportements infernaux. L'opposition ne sera plus l'apanage d'un seul individu, mais des acteurs qui suivront la mécanique conflictuelle.

« L'homme est un animal rationnel », nous disait Aristote. Pourtant, nous pouvons dire que l'homme est aussi un animal émotionnel tant il réagit à la tentation de l'émotion. Les différences entre l'homme et l'animal sont nombreuses.

C'est d'abord la raison qui différencie l'homme de l'animal. L'homme a la volonté de penser, la volonté de réfléchir pour solutionner des problèmes. L'animal ne se pose pas tant de questions. L'homme a un esprit d'initiative qui l'a conduit à évoluer en solutionnant chacune des problématiques du Paléolithique à notre époque contemporaine. La volonté de résoudre les énigmes de son époque mène l'homme à chercher à dominer son environnement, et toute chose qui se dresse sur son chemin.

L'homme peut répondre aussi à des désirs ou à des besoins artificiels, tandis que l'animal répond à des besoins simples : se reproduire, boire, manger. L'animal tue essentiellement pour se nourrir, tandis que l'homme peut quant à lui tuer pour faire valoir ses idéologies.

On loue l'animal pour son authenticité. Il ne fait pas de calculs, il répond essentiellement à ses instincts. A contrario, l'homme peut mentir et travestir ses pensées. En outre, l'évaluation de l'authenticité et de la sincérité de l'homme est la principale difficulté en négociation. Comme le rappelait Francis Walder dans « Saint-Germain ou la Négociation » : « La fourberie, la duplicité, la trahison, le mensonge, l'hypocrisie, la perfidie siègent parmi nous. » (Walder, 2003)

Les comportements primitifs

Quand l'homme se rapproche de l'animal, il adopte des comportements primitifs. La raison s'efface au profit de pulsions instinctives. Sa seule motivation devient la survie de son espèce. Boire, manger, se reproduire sont les besoins primaires qu'il va exprimer. Il va aussi se battre pour défendre son territoire. Le territoire s'emploie au sens propre comme au sens figuré, tel que nous l'avons présenté (cf. page20). La défense de ces territoires intervient en négociation et réveille les comportements primitifs.

Dans les années 1960, le neurophysiologiste américain Paul Mac Lean développait la théorie du cerveau archaïque. Selon lui, le cerveau humain serait composé de 3 couches construites au fil de l'évolution. Le cerveau reptilien serait le plus ancien. Il agirait pour les fonctions de survie de l'individu ou de l'espèce. Le cerveau limbique gérerait les émotions primaires. Enfin, le néocortex s'occuperait de la capacité de réflexion et du raisonnement (Mac Lean, 1990).

Ce fameux cerveau reptilien contrôlerait les besoins physiologiques, tels que l'alimentation, la soif, la respiration, la reproduction. C'est précisément sur cette théorie des trois cerveaux que Freud a construit son modèle psychanalytique (cf. page 36).

Les dernières recherches en neurophysiologie remettent en question le modèle de Mac Lean. D'une part, les différentes parties du cerveau mises en avant par Mac Lean ne seraient pas dues à l'évolution de l'espèce. La métaphore du cerveau reptilien ne serait donc pas adaptée, car cette partie du cerveau ne serait pas héritée des reptiles. D'autre part, le cerveau est un système complexe. Les pulsions et les comportements primitifs dont nous parlons font intervenir les neurones de différentes parties du cerveau. Chaque zone du cerveau est associée à des fonctions spécifiques :

- Le lobe frontal accueille les fonctions du langage, de la parole et des activités de raison. Il gère également les mouvements des membres du corps,
- Le cortex insulaire intervient dans la socialisation, la conscience de soi et agit par ailleurs sur les émotions,
- Le lobe pariétal permet de se repérer dans l'appréciation de l'espace, dans l'attention, et gère les cinq sens,
- Le lobe occipital est essentiellement consacré à la vue,
- Le lobe temporal héberge les fonctions liées au langage et à la mémoire. Il est la zone du cerveau liée à l'émotivité. Il abrite égale ment l'amyg- dale. L'amygdale agit comme un système d'alarme en fonction des stimuli de l'environnement. Il intervient dans les mécaniques de sur- vie.

Le développement du stress

Le stress

Les prémisses conceptuelles sur le stress sont à mettre au crédit de Hans Selye, physiologiste canadien. En 1935, Selye montrait que notre organisme répond à une situation stressante liée à notre environnement par 3 phases successives : l'alarme, la résistance et l'épuisement. Ce modèle est connu sous le nom de « modèle de Selye », ou encore « théorie du syndrome général d'adaptation » (Seyle, 1978).

Les phases du stress

L'alarme

Pendant la phase d'alarme, l'organisme se prépare au combat en sécrétant des hormones (catécholamines). Il en résulte une augmentation du rythme cardiaque, de la tension artérielle, des niveaux de vigilance, de la température du corps. Cette alchimie a pour but d'apporter de l'oxygène aux muscles et au cœur, donc de favoriser l'organisme à réagir.
La résistance
Puis l'organisme entre en phase de résistance si la situation de stress se prolonge. L'organisme se prépare à l'effort nécessaire pour faire face à la situation de stress. De nouvelles hormones (glucocorticoïdes) sont distillées. Elles augmentent le taux de sucre dans le sang, et apportent l'énergie nécessaire au muscle, au cœur et au cerveau pour répondre à la situation de stress.

L'épuisement

Enfin, l'épuisement intervient quand la situation de stress se prolonge encore ou s'intensifie. L'organisme est débordé par la situation, et la régulation hormonale devient obsolète. Ce sont donc les situations de stress qui perdurent dans le temps qui ont le plus d'impacts nocifs sur la santé des personnes (Institut national de recherche et de sécurité, 2020).

Les comportements d'adaptation

Face à ces situations, trois types de comportements d'adaptation ont été présentés :

- L'évitement (fuite de la situation, arrêt, etc.)
- Les réactions émotionnelles (colère, crise de larmes, expression verbale, etc.)
- La recherche de solutions (sollicitation d'un tiers, recherche d'informations, etc.)

Il convient d'ajouter que les études menées sur le phénomène d'adaptation ont fait apparaître que nos expériences passées influent sur les modalités d'application du phénomène d'adaptabilité, tout comme l'intensité et la durée de la situation stressante (Institut national de recherche et de sécurité, 2020). Les comportements de l'individu face à une situation de stress seraient influencés par le vécu préalable d'une situation (Institut national de recherche et de sécurité, 2020). Des négociations sous stress intense permettraient ainsi de développer la capacité du négociateur de mieux contrôler les situations de stress.

Ainsi, le stress est une composante majeure dans les négociations. D'un côté, il peut nous faire perdre toute rationalité dans la recherche de l'accord. De l'autre, il peut être un frein contagieux à la prise de décision. Le stress permet aussi de nous alerter sur les limites de notre capacité décisionnelle.
Une étude de l'Institut national de recherche et de sécurité signalait les répercussions négatives que le stress engendre évidemment sur les salariés, mais aussi de manière plus surprenante sur les performances des firmes. Il semblerait qu'un salarié européen sur 5 souffre de troubles de santé liés au stress au travail et que tous les secteurs d'activité soient touchés... (INRS — Institut national de recherche et de sécurité, 2013). Le stress aurait une multitude de conséquences managériales puis financières sur les entreprises. Le stress serait la cause du turnover, de journées de travail perdues, de perte de qualité de la production, de démotivation parmi les équipes... En négociation, le stress inhiberait l'esprit d'analyse et rendrait difficile la prise de décision. Toutefois, la pire conséquence du stress en négociation est qu'il rend suspicieux. Cette suspicion se conclut par un endommagement de la confiance en l'autre.

Le stress s'installerait lorsqu'il y a un déséquilibre en ce qui est demandé et les capacités dont on dispose pour parvenir à son objectif.

Le stress reflète simplement notre capacité de survie dans notre environnement. Il est chargé de protéger l'individu pour la survie de son espèce. Le rôle du stress est donc de préparer la défense contre une agression extérieure. Il permet de favoriser des réactions pour être plus efficace en cas de danger. En fonction de ces situations et bien sûr de la capacité individuelle de chacun, le stress préparera la personne à la fuite ou à la lutte. Le stress peut être votre meilleur ami ou votre pire ennemi en négociation.

Les symptômes du stress vont se développer à la fois sur la physiologie du négociateur, sur son état émotionnel, sur sa condition mentale et sur ses comportements.

Les conséquences du stress

Le stress physiologique

Le stress physiologique correspond aux effets du stress sur le corps. Dans des conditions de stress, la tension artérielle et le rythme cardiaque vont s'élever. La température du corps va grimper pour préparer le corps à l'effort. Certains auront les mains moites, d'autres des irritations cutanées (eczéma). Quelques-uns subiront des migraines. Des tics seront susceptibles d'apparaître (mouvements répétitifs et incontrôlables d'une partie du corps). Une pression respiratoire sera ressentie sur la cage thoracique. Des troubles digestifs sont ressentis, pouvant aller jusqu'au vomissement ou à l'évanouissement.

Le stress émotionnel

Le stress émotionnel joue sur l'émotion de la personne. La personne souffre d'angoisses et d'inquiétudes. La peur est l'émotion sous-jacente à ce stress. Ce stress va jouer sur l'irritabilité de la personne. Il peut se distinguer par un manque d'énergie rendant la personne incapable d'agir ou de réagir. L'estime de soi se détériore, tout comme la confiance en soi. La personne manque de lâcher-prise sur la situation. La conséquence est une perte d'intérêts globales. Cet état de stress émotionnel peut même conduire jusqu'à la dépression dans certains cas.

Le stress mental

Le stress mental perturbe le sommeil. Cette perturbation peut aller de simples cauchemars à de longues insomnies. De l'inquiétude ou de la négativité pourront se révéler. En outre, c'est également sur la capacité de prendre des décisions que le négociateur se verra fragilisé : indécisions, décisions hâtives, jugements perturbés, perte d'objectivité, pensées confuses sont autant de conséquences du stress mental.

Le stress cognitif

Le stress cognitif peut provoquer une perte d'appétit ou une perte de libido. Ce stress va favoriser l'effet des addictions (drogue, tabac, alcool, jeu). Ce stress pourra se révéler sous la forme d'agitation ou de maladresse. Dans certains cas de stress cognitif, nous constaterons des troubles obsessionnels du comportement (TOC).

La loi de Yerkes et Dodson

Yerkes et Dodson avaient démontré l'intérêt du stress dans le niveau de performance. Dans une première phase, le stress serait positif. Il apporterait une hausse de l'attention pour atteindre un niveau maximum de performance. Dans un deuxième stade, le stress nuirait à la performance par une augmentation de l'excitation émotionnelle (Yerkes & Dodson, 1908).

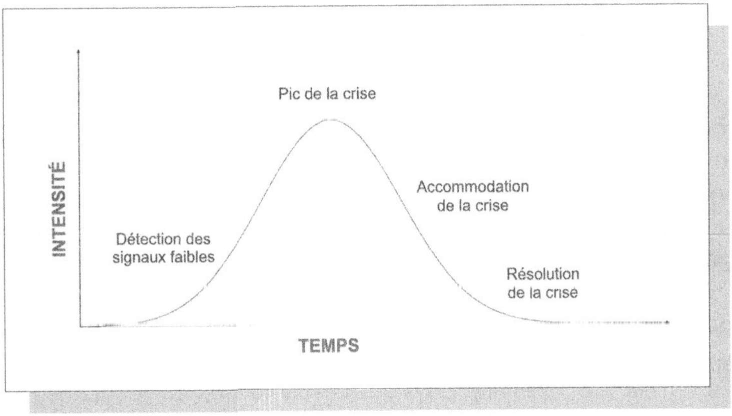

Figure 19 : Loi de Yerkes et Dodson (1908)

Compréhension physiologique du stress

Le système nerveux est composé de deux systèmes : le système nerveux somatique et le système nerveux viscéral.

Le système nerveux somatique agit sur les muscles squelettiques du corps. Le système nerveux autonome régule les fonctions vitales de l'organisme, car ses activités échappent à notre contrôle. Il régule les fonctions primaires des organes intérieurs : respiratoires, circulatoires, digestifs, urogénitaux. Il se compose de deux sous-systèmes nerveux : le système nerveux sympathique et le système nerveux parasympathique.

Ces sous-systèmes agissent de manière complémentaire mais opposée. Quand un sous-système travaille, l'autre sous-système est à l'arrêt.

Le système nerveux autonome permet l'adaptation de l'organisme à ces situations.

Le système nerveux sympathique

Le système nerveux sympathique prépare l'organisme à affronter les situations d'urgence. Il dirige l'attention de l'organisme vers l'extérieur et le met en état.

Les modifications physiologiques du corps sous l'effet du système nerveux sympathique seront diverses. D'abord, nous constaterons une augmentation de la fréquence cardiaque, ainsi qu'une hausse de la tension artérielle et musculaire. Ensuite, une décharge d'adrénaline sera libérée par les glandes surrénales. La respiration sera plus rapide et plus intense, accompagnée d'une dilatation des bronchioles pulmonaires qui entraînera une plus grande ventilation et un apport supplémentaire d'oxygène. Les pupilles des yeux vont s'agrandir. Une dilatation des vaisseaux sanguins du cœur à travers les artères coronaires et les muscles provoquera une plus grande irrigation du corps et un apport plus important d'oxygène. Le foie fournira une injection de glucose qui libérera un surplus d'énergie. Si l'intensité de l'activité physique est intense, la vasoconstriction détournera le sang de la peau et du système digestif pour irriguer le cœur, l'encéphale et les muscles squelettiques.

Le système nerveux parasympathique

Le système nerveux parasympathique va détourner l'attention de l'organisme vers l'intérieur et faire baisser les défenses instinctives. Le système nerveux parasympathique va favoriser la réduction de la consommation de l'énergie. Un ralentissement des pulsations du cœur, une baisse de la tension artérielle ou la relaxation des muscles se feront ressentir. Il va libérer un flot d'acétylcholine qui entraînera un état de calme et de paix intérieure.

L'APPARITION DU CONFLIT

"Le conflit est inévitable, le combat est optionnel. "

Max Lucade

Le conflit

Une conséquence de l'hostilité en négociation est l'apparition des fondations du conflit. Nous parlons de conflit quand il y a contradiction entre les intérêts, les valeurs, les croyances, les cultures, etc. Le désaccord est la petite graine qui va faire germer le conflit. Pour autant, toutes les divergences ne finissent pas forcément en conflit... Plus l'opposition entre les acteurs sera forte, plus le conflit sera important et pourra s'exprimer par la violence. Le conflit provient de l'affirmation de l'ego et de la volonté d'élargir notre territoire au détriment de l'autre.

Le conflit fait peur, beaucoup cherchent à éviter le conflit. Le conflit est intensément chargé émotionnellement. Sous la menace et les dangers, la peur, la colère, la tristesse, le dégoût transforment les comportements. L'agressivité prendre le contrôle avant de laisser apparaître la violence. Pour certains, il est vécu comme une réelle souffrance.

Or, ce qui nous menace, ce qui nous angoisse, permet de repousser nos peurs. Le conflit favorise par conséquent la construction du soi. Marx et Engels voyaient le conflit comme une nécessité à la transformation (Marx & Engels, 1848). En revanche, Durkheim envisageait le conflit comme un risque pour la cohésion sociale (Durkheim, 1904).

Dans son analyse du conflit, Durkheim nous parlait de processus de socialisation : l'habitus. Pour lui, le processus de socialisation primaire a eu lieu pendant notre enfance. L'ensemble des acquis inculqués par nos environnements familiaux et scolaires façonnent le soi le plus ancien. Le processus de socialisation secondaire a lieu de l'adolescence à la fin de vie. Il intègre la sphère professionnelle. L'habitus secondaire fusionne avec l'habitus primaire (Durkheim, 1904). L'habitus construit notre perception, nos jugements et nos comportements pendant la socialisation. Le conflit s'affirme quand nous sommes en contradiction avec ce que l'on nous a inculqué. Plus notre capital cognitif est remis en question, plus nous serons dans une opposition conflictuelle. Plus il y a d'opposition entre les parties prenantes, plus il y aura d'hostilité.

Le conflit s'exprime toujours soit intérieurement, soit extérieurement. Nous parlons de « conflit chaud » quand le conflit est visible et apparent. Nous appelons « conflit froid » quand le conflit est intériorisé et invisible. Le conflit chaud affiche la dispute, les émotions incontrôlables. Même si le conflit chaud peut paraître plus dommageable et violent, le conflit froid n'est pas moins dangereux. Il nuira silencieusement à la relation sur le long terme.

Les typologies de conflits

Ils existent plusieurs types de conflits. Bien souvent, il est difficile d'identifier le type de conflit pour une situation, car les typologies de conflits sont intimement liées. La seule condition commune est une dominance d'une personne ou d'un groupe sur l'autre.

Les conflits affectifs

Les conflits affectifs sont liés à une incompatibilité des sentiments ou des émotions entre les acteurs. Jalousie, peur, dégoût, etc. sont les déclencheurs des conflits affectifs.

Les conflits culturels ou cultuels

Les conflits culturels ou cultuels partent d'une incompréhension des valeurs, des codes ou des rituels de l'autre. Les guerres religieuses sont le reflet de conflits cultuels.

Les conflits d'intérêts

Les conflits d'intérêts proviennent d'une opposition des intérêts entre les acteurs. L'un veut promouvoir ses intérêts au détriment de l'autre. Ces intérêts peuvent être d'ordre matériel ou financier. Dans les négociations commerciales, les intérêts de l'acheteur sont par principe opposés aux intérêts du vendeur. L'intérêt de l'acheteur est d'acheter aux meilleurs prix dans le respect de son cahier des charges. Tandis que l'intérêt du vendeur est d'optimiser ses marges.

Les conflits de langage

Les conflits de langage partent d'une incompréhension dans la communication. Une différence de signification des mots ou des gestes, dans le vocabulaire, favorisera le conflit de langage. Nous l'identifions à un malentendu développé par un effet boule de neige.

Les conflits de pouvoir

Les conflits de pouvoir découlent de la volonté de dominance d'un acteur sur l'autre. Quand l'ordre social est remis en question, les conflits de pouvoir s'établissent. L'un des acteurs veut remettre en question l'ordre établi. Il s'engage dans le conflit pour prendre l'ascendant. Nous traitons du concept du pouvoir plus loin dans cet ouvrage (cf. L'inventaire des 12 pouvoirs du négociateur page 116).

Les conflits raciaux, ethniques ou identitaires

Les conflits raciaux, ethniques ou identitaires trouvent leurs origines dans la volonté de reconnaissance identitaire d'un groupe par rapport à l'autres. Les conflits raciaux, ethniques ou identitaires sont de loin les plus difficiles à gérer, car ils touchent à l'identité propre de la personne ou du groupe. L'Apartheid en Afrique du Sud est un exemple de conflit racial. La guerre du Rwanda, qui a fait presque un million de morts en 1994, est liée à un conflit ethnique entre les Tutsis et les Hutus, deux ethnies rwandaises. Pourtant, les conflits identitaires ou ethniques ne sont pas forcément liés à des oppositions entre groupes sociaux d'un même pays. Ils peuvent trouver leurs origines dans des motivations politiques ou bien économiques.

Les conflits de territoire

Les conflits de territoire sont initialement liés à la géographie. Le conflit part de l'extension d'un territoire géographique au détriment de celui de son voisin. À titre d'exemple, l'annexion de l'Autriche par l'Allemagne nazie (l'Anschluss) est l'une des causes de la Seconde Guerre mondiale. Le conflit de territoire s'applique de manière allégorique à la négociation (cf. Les territoires de négociation page 20).

Les conflits de relation

Les conflits de relation sont une guerre de personnes liées par une relation. L'affirmation des personnes va engendrer une escalade conflictuelle. Les conflits de relation sont souvent présents dans les divorces difficiles.

Les conflits cognitifs

Les conflits cognitifs partent d'une opposition des idées ou des modes de pensée. À titre d'exemple, nous signalerons les oppositions idéologiques entre les organisations patronales et les organisations syndicales.

Le coût du conflit

Le conflit est nécessaire et constructif. Il est un puissant facteur d'évolution. En ce sens, il nous oblige à prendre en compte l'expression d'une différence. Toutefois, il est nécessaire de le traiter. Effectivement, le conflit entaille la relation et peut conduire jusqu'à la rupture totale.

Le conflit pèse sur l'aspect économique d'une entreprise ou d'une société. En 2019, nous connaissions en France une grève contre la réforme des retraites mise en place par le gouvernement. Ce conflit s'installait pendant 40 jours. Il allait peser fortement sur les indicateurs économiques de la SNCF et de la RATP. Jean-Pierre Farandou, le président directeur général de la SNCF, avait évoqué une perte de 20 millions d'euros de recettes par jour (Le Monde & Escande, 2020). De son côté, la RATP estimait une perte journalière de 3 millions d'euros. Depuis le début de la grève le 5 décembre 2019, nous parlons pour la SNCF de 800 millions d'euros de pertes et de 12 millions d'euros de pertes pour la RATP. N'oublions pas non plus de recenser les pertes de salaires pour les grévistes. Les secteurs les plus touchés ont sûrement été le tourisme et le commerce. Toutefois, le conflit a pesé aussi forcément de manière indirecte sur l'ensemble des entreprises situées en France. Les blessures sociales sont de plus en plus profondes. D'un point de vue micro-social, les indicateurs de qualité de vie au travail sont tout aussi préoccupants. Les grèves favorisent l'absentéisme. Les salariés sont usés et fatigués. La démotivation est certaine. Le travail collectif est chahuté.

De même, la crise des Gilets jaunes a engendré des pertes colossales pour l'économie française. Celles-ci étaient estimées entre 2 à 2,5 milliards d'euros par une commission parlementaire du Sénat. Dernièrement, un conflit social éclata entre une société de récupération de déchets et ses employés à Marseille. La crise dura deux semaines. Les répercussions financières s'élèveraient au minimum à 1 million (Capital & Berger, 2021). Cette facture salée serait due à des « dégâts matériels », aux « 14 jours non payés par le client (la Métropole Aix-Marseille, ndlr) », et à une « image largement dégradée » de la société (Capital & Berger, 2021).

Des exemples identiques existent à profusion. Le conflit génère une perte importante de valeur quand il n'est pas raisonnablement géré.

2.

Comment négocier en territoire hostile ?

METTRE EN PLACE UNE COMMUNICATION EFFICACE

> ***" Écouter beaucoup pour en prendre bonne note : c'est là le second degré de la connaissance. "***
>
> **Confucius**

L'élément clé de tout processus de négociation est la communication. Bernard Werber, dans son « Encyclopédie du savoir relatif et absolu », à travers le personnage fictif d'Edmond Wells, nous disait : « Entre Ce que je pense, Ce que je veux dire, Ce que je crois dire, Ce que je dis, Ce que vous avez envie d'entendre, Ce que vous croyez entendre, Ce que vous entendez, Ce que vous avez envie de comprendre, Ce que vous comprenez, il y a dix possibilités qu'on ait des difficultés à communiquer. Mais essayons quand même. » (Werber, 2009) La tâche s'annonce donc compliquée, mais hélas indispensable pour que la négociation aboutisse.

Paul Watzlavik, psychologue reconnu pour ses travaux sur la théorie de la communication de l'école de Palo Alto, nous révèle que tout communique: « Everything communicates ». Il est impossible qu'une chose ne puisse pas communiquer : « One cannot not communicate. » (Watzlawick, Holmick, Beavin, & Jackson, 1967) Même si nous ne parlons pas, notre langage non verbal va forcément communiquer des informations à notre interlocuteur : un intérêt particulier, de l'ennui, etc. (Richins, 1997).

Savoir écouter

" Parler est un besoin, écouter est un art. "

Goethe

Pratiquer l'écoute active

L'écoute active nous aide à mettre en avant des attentes non exprimées, des comportements révélateurs d'un intérêt, des réactions traduisant un refus de tel ou tel facteur dissuasif, ou bien l'acceptation ou le refus de tel ou tel inconvénient. Ainsi, un simple regard peut nous avertir de l'intérêt de notre interlocuteur sur un point. Des positions du corps plus défensives montrent pour l'interlocuteur l'inconfort de parler de cette situation.

L'écoute active ne se limite pas à l'écoute attentive des mots. Elle englobe la nécessité pour le négociateur d'étudier scrupuleusement les comportements. Le plus important dans la négociation n'est pas ce qui est dit, mais c'est d'observer ce qui n'a pas été dit. Il devra donc s'attacher à écouter minutieusement la typologie verbale et paraverbale, mais aussi à observer la communication non verbale.

De plus, nous devons toujours observer les réactions de nos interlocuteurs pendant notre argumentation. Il est primordial d'observer les signaux faibles et d'écouter la communication avec la plus grande attention.
Ces éléments permettent une compréhension immédiate des intentions des parties prenantes.

Savoir questionner

"Ce sont les questions, plus que les réponses qui montrent l'étendue de l'esprit."

Goethe

Celui qui dirige la négociation n'est pas celui qui parle, mais celui qui pose les questions. Gardons en mémoire ce que disait Confucius : « Si l'homme a deux oreilles et une bouche, c'est pour écouter deux fois plus qu'il ne parle. » Ce proverbe caractérise bien la posture du négociateur. Écoutez donc deux fois plus que vous ne parlez.

Le questionnement permettra de cerner les intérêts de vos interlocuteurs. Ainsi, les questions ci-dessous vous aideront à explorer les intérêts de votre interlocuteur. N'hésitez donc pas à lui poser les questions suivantes :

- Qu'est-ce qui est important pour vous ?
- Pourquoi ceci est si important pour vous ?
- De quoi avez-vous besoin pour avancer ?
- Qu'est-ce qui vous inquiète dans cette situation ?
- Comment cela peut-il vous affecter ?
- J'ai l'impression que ce problème vous tient à cœur. Comment pourrais-je vous aider ?

L'enjeu du questionnement est de faire produire de l'information sans mettre son interlocuteur en position défensive. Ainsi, le négociateur doit varier ses techniques de questionnement pour que les échanges soient le plus naturels possible. Le questionnement ne doit en aucun cas se transformer en un interrogatoire d'inquisiteur.

Voici une liste des techniques utilisées pour faire produire de l'information :

Les questions ouvertes

Ainsi, au début de l'entretien, des questions ouvertes seront utiles pour obtenir un maximum d'informations.

Ex. :
- « Quelles sont vos préférences sur les délais ? »
- « Nous souhaitons que les produits soient installés au plus tard le 8 janvier. »

Les questions factuelles

De même, les questions factuelles permettront d'obtenir des informations objectives sur des situations précises. Elles dissocient votre point de vue et n'engagent pas de jugement. Elles permettent la compréhension de la situation. Nous pouvons de telle manière nous appuyer sur ces faits pour bâtir un raisonnement solide et faire adhérer les parties prenantes.

Ex. :
- « Quand a eu lieu la mise en production ? »
- « Nous avons produit l'ensemble de ce lot en novembre. »

Les questions fermées

Les questions fermées sont utiles pour valider la compréhension et la prise de décision avant un accord. Elles doivent venir clôturer la négociation pour s'assurer de la compréhension mutuelle des accords.

Ex. :
- « Est-ce que nous sommes d'accord sur les délais de livraison ? »
- « Oui, je vous confirme, nous sommes bien d'accord. »

L'écho

L'écho est idéal pour demander un complément d'information à une source. Il s'articule en rebondissant de manière interrogative sur le dernier mot de la phrase de son homologue.

Ex. :

- « Nous rencontrons une difficulté pour livrer l'ensemble des produits. »
- « L'ensemble des produits ? »
- « Oui, nous avons seulement 5 quantités prêtes à être livrées sur les 8. Les 3 autres seront disponibles en décembre. »

Le ricochet

Tout comme l'écho, le ricochet aide à faire préciser la pensée de la source. Nous demanderons à la source de mieux s'expliquer.
Ex. :

- « Les produits arriveront seulement la semaine prochaine. »
- « C'est-à-dire ? Vous pouvez être plus précis ? »
- « Ils arriveront en entrepôt le mardi 23 janvier, nous pouvons prévoir une livraison le mercredi 24 janvier. »

Le silence

Le silence est le meilleur ami du négociateur. Confucius nous disait : « Le silence est un ami qui ne trahit jamais. » Le silence est pesant. Chaque seconde silencieuse fait monter l'inconfort psychologique sur les acteurs. Il force souvent son interlocuteur à prendre la parole.

La paraphrase ou le looping

La paraphrase s'exprime en reprenant les propos de notre interlocuteur avec nos propres mots sans altérer le discours. Cette technique de reformulation apporte un bénéfice psychologique non négligeable au négociateur. Il permet de renvoyer le message à son émetteur tel qu'il a été compris et assimilé. Cette technique permet en complément de porter l'émotion de l'autre. En reformulant le propos de notre interlocuteur, nous lui indiquons que nous prennons en compte son problème.

Ex. :
- « Nous ne pourrons jamais honorer la livraison semaine 32. »
- « Si je vous comprends bien, vous dites que vous aurez des difficultés de livraison sur la semaine 32 ? »
- « Oui, la production est ralentie en ce moment à cause de la maintenance des machines. »

Prêcher le faux pour avoir le vrai

Enfin, nous pouvons aussi prêcher le faux pour avoir le vrai. Cette technique peut se révéler efficace face à des personnes naïves. Toutefois, elle est aussi très risquée. Baser son message sur un mensonge endommagera la confiance de votre interlocuteur.

Ex. : La livraison aura lieu lundi ?
Réponse : Non, la livraison aura lieu mardi.

Préparer sa stratégie oratoire

> *"Lorsque je me prépare à discuter avec quelqu'un, je consacre un tiers du temps à penser à ce que je vais dire et deux tiers à penser à ce que l'autre va me dire."*
>
> Abraham Lincoln

Une bonne préparation nous aide à nous organiser pour faire face à tout effet de surprise. Cela nous aide aussi à libérer notre capacité de réflexion pour gérer l'imprévu.

La préparation de notre argumentation nous permet d'éviter le désordre dans l'énoncé et de construire des propos cohérents. Nous éviterons de la sorte nos propres contradictions internes.

Quand nous cherchons à convaincre à tout prix, nous avons tendance à accumuler des éléments sans rapport pour le plaisir de prendre l'ascendant sur l'autre par nos idées ou nos arguments. Nous avons tendance à tomber dans une argumentation stérile. Or, l'argumentation tient une place importante dans la communication et les négociations.

La cible du message (Qui ?)

Avant d'échanger, je dois qualifier la cible de réception du message. Cela signifie simplement savoir à qui je m'adresse. L'idée est d'explorer les informations en ma possession pour cerner la personnalité de mon interlocuteur, découvrir sur son univers mental ou culturel. J'adapterai mon discours en fonction de la cible du message.

L'objectif du message (Quoi ?)

Chaque message doit avoir un objectif précis. Comme évoqué, il ne suffit pas de parler pour convaincre. Agissez plutôt avec économie sur la parole. En négociation, n'oubliez jamais que celui qui dirige n'est pas celui qui parle, mais celui qui écoute. Ne vous attendez pas à avoir des résultats immédiats en présentant votre argumentation. Le processus d'adhésion requiert du temps et de la liberté pour son acceptation. Imaginez planter une graine dans l'esprit de l'autre : ne vous attendez pas à la voir éclore immédiatement. La graine va nécessiter un temps pour germer dans son esprit.

La tactique oratoire (Comment ?)

La tactique oratoire consiste à choisir ses arguments et à les organiser en fonction de sa négociation. Les arguments devront s'accorder avec le temps dont on dispose pour présenter nos idées. Nous prendrons aussi en considération le lieu de notre négociation. Dans quel cadre a-t-elle lieu ? Un espace intime, anonyme, formel ou informel. Combien de personnes seront présentes ? Mon argumentaire va-t-il s'orienter vers un groupe de personnes ou bien vers un intervenant spécifique ?

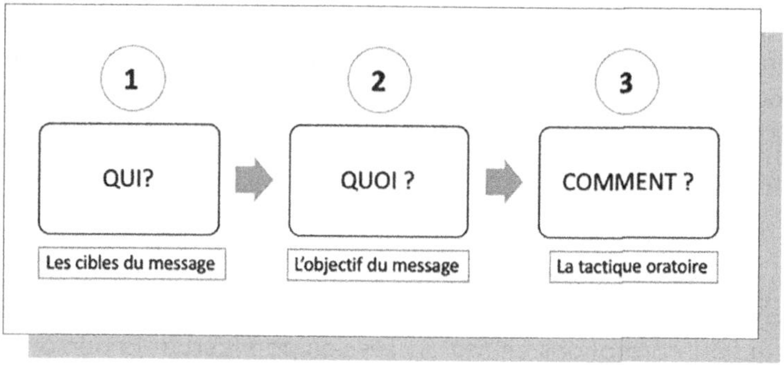

Figure 20 : La stratégie oratoire

La tactique oratoire vise également à définir l'ensemble des éléments verbaux et paraverbaux de notre discours. Nous choisirons avec attention le vocabulaire utilisé, définirons les figures de style adéquates pour ancrer notre message. Nous placerons notre ton de voix et planifierons le rythme de notre discours.

Nous prendrons en compte les règles d'allocution établies avant la réunion. Il est possible qu'un ordre des interventions soit établi par les règles accompagnant le processus de négociation, laissant peu de place au débat d'idées.

Nous assimilerons les contraintes liées à la communication. Dans certains pays, il est interdit de parler de certaines choses sans nous attirer les foudres. Par exemple, c'est le cas du blasphème religieux au Pakistan. Parler librement de la religion dans cet État nous conduira à une condamnation à mort.

Bonnes pratiques pour mieux communiquer

"La chose la plus importante en communication, c'est d'entendre ce qui n'est pas dit."

Peter Drucker

Ne surchargez pas votre communication

Les messages doivent être courts pour ne pas perdre l'attention de nos interlocuteurs. Ainsi, nous devons limiter le nombre de mots par phrase. Si vous devez détailler, soyez factuel dans vos propos.

Exprimez-vous avec clarté

Les messages doivent être clairs pour éviter les malentendus. Nous devons faciliter la compréhension en portant le sens de nos idées. Ainsi, nous développerons une seule idée par phrase. Nous éviterons aussi toute incohérence dans nos propos.

Utilisez des mots que notre interlocuteur comprend

Le message doit être compréhensible pour notre interlocuteur. Ainsi, il faudra s'assurer que le vocabulaire utilisé soit compris et assimilé par le destinataire du message. Nous devons donc faire attention quand nous utilisons un vocabulaire spécifique à notre profession. Nous devons raisonner avec la culture de l'autre pour envoyer le message correctement codé.

Prémunissez-vous du bruit

Enfin, nous devrons faire attention aux distractions intempestives de notre environnement. Un téléphone sonnant constamment, une secrétaire apportant sans cesse des messages, perturberont grandement le schéma de communication. Un environnement calme permettra écoute, réflexion et sérénité dans la prise de décision. À l'inverse, un environnement bruyant perturbera les échanges et engendrera du stress et de l'indécision. La pire situation en négociation est quand la communication n'est pas effective. La communication va relier les acteurs dans la compréhension mais aussi dans la construction de l'accord. Une communication où les messages envoyés ne sont pas reçus n'aurait aucune utilité.

Faire face à des arguments hostiles

*" Si je disposais de neuf heures
pour abattre un arbre, j'en emploierais
six pour affûter ma hache. "*

Abraham Lincoln

Faire face à une argumentation hostile est monnaie courante en négociation. Nous avons évoqué la violence verbale. L'argumentation en territoire hostile peut prendre d'autres formes : la disqualification des arguments, les attaques personnelles, le procès d'intention, la mauvaise foi, l'ironie, le sarcasme, la diffamation, la calomnie, la provocation, etc.

Face à ces attaques, plusieurs solutions accentueront ou minimiseront le risque de contagion de l'hostilité, mais ces solutions sont corrélées à une perte de valeur.

La soumission

En vous soumettant, vous accordez le point à votre interlocuteur. L'hostilité générée par ce type de comportement sera certes faible, mais le risque de perte de valeur sera fort. Être soumis, c'est accepter la dominance de l'autre.

Ex. : Tout à fait,
Vous avez raison.
Je vous l'accorde.

La minimisation

La minimisation de l'argumentation est une soumission partielle. D'un côté, l'accord est exprimé, de l'autre, la conjonction « mais » montre son opposition. Cette divergence développera un peu plus d'hostilité qui restera tout à fait acceptable. Le risque de perte de valeur sera minimisé.

Ex. : Oui, mais...
C'est possible, mais...
C'est partiellement vrai.

La justification

La justification fera naître une hostilité plus forte. Le risque de perte de valeur va s'accroître.
Ex. : C'est parce que...
Exactement.
Justement...
C'est à cause de...

La rébellion

La rébellion est le degré le plus important de l'argumentation hostile. Elle consiste à s'opposer totalement aux arguments de l'autre partie. Le risque de perte de valeur sera très élevé, car la rébellion se situe à la limite du conflit.
Ex. : Absolument pas !
C'est totalement faux.
N'importe quoi...

L'argumentation factuelle

Afin de favoriser les conditions pour évoluer dans un environnement sain pour négocier, sans risque de perdre de la valeur, il est conseillé de rester factuel dans tous les cas de figure. Repositionner votre argumentation sur des faits essentiellement. Pour cela, il faudra éliminer toutes les considérations personnelles. Les phrases dont le sujet est « je », « tu », « nous » et « vous » devront être écartées au bénéfice de la description factuelle des événements.

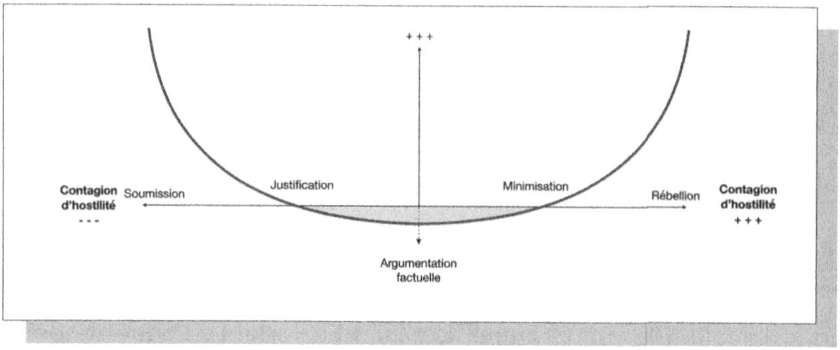

Figure 21 : Faire face à l'argumentation hostile

ADOPTER LA BONNE POSTURE

> *"Agissez toujours comme s'il était impossible d'échouer."*
>
> Winston Churchill

Maîtriser ses comportements

Le contrôle de soi, et non pas le contrôle de l'autre

La première négociation à mener est une négociation interne. Non pas interne avec ses collègues de travail pour trouver une position commune, mais interne avec soi-même. Cette négociation interne est primordiale. Sommes-nous d'accord avec nous-même sur la position à tenir ? Avons-nous des doutes sur nos décisions ?

Pour avoir conseillé et accompagné de nombreux clients dans des négociations, j'ai pu vivre cette situation un grand nombre de fois. Nous ne sommes jamais à l'abri que la décision du donneur d'ordre ne soit pas celle que nous souhaitons défendre. Pourtant, la décision ne nous appartient pas. Nous intervenons en tant que conseil, mais nous ne prenons jamais de décision à la place de nos clients. Notre mandat nous oblige à prendre la position que notre client aura choisie. Cela repose sur une règle primordiale en négociation : « Celui qui négocie ne prend pas la décision. Celui qui prend la décision ne négocie pas. »

Dans l'éventualité où nous serions en désaccord avec la proposition de notre client, nous ne serions pas mis dans de bonnes dispositions pour négocier. Ainsi, il serait préférable de se voir épauler par quelqu'un qui n'a pas d'opposition sur les sujets à négocier.

Quand les désaccords surviennent et les tensions se font sentir, nous sommes tentés par nos réactions émotionnelles. Nous sommes susceptibles de tomber dans un cycle binaire d'actions-réactions, stérile et contre-productif en négociation. Cette escalade nous met des œillères sur nos objectifs en reproduisant des effets tunnel nous faisant perdre toute objectivité. Quand cette spirale destructrice se met en place, ce sont les fondements de la négociation qui s'en trouvent bouleversés. Nous nous concentrons non plus sur les problèmes à résoudre mais nous réagissons simplement à ce que notre homologue fait ou dit. C'est pour cela que le contrôle de soi est si important en négociation. Ne cherchez jamais à contrôler votre interlocuteur, contrôlez-vous ! Laissez-lui toute la liberté nécessaire pour qu'il puisse prendre sa décision. Imposer un contrôle ou tenter d'imposer une autorité de l'un sur l'autre mènera forcément à une escalade conflictuelle. De la sorte, un négociateur n'utilisera jamais l'impératif et n'ordonnera jamais une décision. Il proposera des solutions, questionnera son interlocuteur pour agrandir son champ d'information sur les intérêts non satisfaits.

Se synchroniser sur l'autre

"Les autres sont des miroirs qui nous renvoient notre propre image."

Gao Xingjian

En 1990, Giacomo Rizzolatti, professeur de physiologie de l'Université de Parme, découvrait les neurones miroirs : des cellules présentes dans le cerveau qui assurent les transmissions de l'influx nerveux (Rizzolatti & Sinigaglia, 2008). Elles vont s'activer quand une personne effectue une action, mais aussi quand une action similaire chez autrui est observée. D'une certaine façon, les neurones miroirs suggèrent l'imitation du geste observé par l'observateur. Les neurones miroirs offrent une capacité de lecture et de compréhension des actions observées sans passer par une analyse raisonnée d'une situation. Cette lecture de l'autre à travers les neurones miroirs décode même les intentions avant les actions. Les neurones miroirs mènent à une contagion immédiate du registre émotionnel des individus dans leurs interactions sociales. Ainsi, chaque interaction sociale est dépendante des états émotionnels de chaque acteur. Si un acteur se trouve dans un état émotionnel spécifique, il contagionnera l'autre de son humeur : notre humeur dépend de celle des autres, tout comme l'humeur des autres dépend de notre humeur, n'est-ce pas ?

Il est conseillé de se synchroniser sur l'autre dans une négociation pour mettre en action les neurones miroirs. Nous appelons l'action de se synchroniser sur l'autre : « mimétisme social » ou « effet caméléon ». Concrètement, l'action de se synchroniser sur l'autre est l'imitation des signaux verbaux et non verbaux de l'émetteur par le récepteur d'un message dans le cadre d'une interaction sociale. Ce mimétisme peut intervenir dans des états de conscience ou d'inconscience.

Les bénéfices du mimétisme sont multiples. En premier lieu, il initie un jugement positif qui peut provoquer un désir d'affiliation.

C'est également une voie de compréhension et d'empathie. Maurer et Tindall démontraient que le degré d'empathie d'un consultant qui imitait la position des jambes et des bras d'un client était mieux perçu par le client (Maurer & Tindall, 1983).

Enfin, le mimétisme est créateur de valeurs, qu'elles soient subjectives ou objectives. En effet, des chercheurs de l'Université de Nijmegen aux Pays-Bas ont révélé qu'une serveuse qui imitait les comportements verbaux en répétant les commandes de ses clients recevait de bien meilleurs pourboires (van Baaren, Holland, Steenaert, & van Knippenberg, 2003).

Transformer son stress par la sérénité

"Ne négociez pas avec vos peurs.
Mais n'ayez pas peur de négocier."

John F. Kennedy

Le stress est contagieux. Dès lors que nous l'exprimons, nous générons de la difficulté dans la prise de décision. Nous devons transformer ce stress par de la sérénité. En montrant de la sérénité, vous engagez vos interlocuteurs à faire de même. Ce flegme est une étape clé dans le rétablissement de la confiance pour que celle-ci rayonne dans la relation entre les acteurs. C'est aussi la meilleure arme pour inhiber ses peurs et faire face aux violences et aux actes de terreur qui peuvent subvenir pendant des négociations en territoire hostile. La meilleure façon de remplacer ce stress par de la sérénité s'appuie sur 2 piliers : la respiration et la préparation.

La respiration

La respiration est indispensable pour la vie de l'homme, pourtant peu ont appris à respirer... Les cultures orientales nous enseignent que respirer sert à faire circuler l'énergie vitale dans notre corps (le Qi). La sensibilité à la respiration est beaucoup moins spirituelle dans les sociétés occidentales. Pour la majorité des hommes, la respiration est gérée de manière inconsciente par notre système nerveux autonome. Certains ont découvert la maîtrise consciente de la respiration pour trouver leur bien-être ou dépasser leurs limites.

La respiration est pareillement cruciale en négociation. D'une part, une respiration maîtrisée facilitera notre élocution. D'autre part, l'oxygène véhiculé facilitera notre capacité de réflexion.

Une respiration lente et profonde va surtout nous permettre d'actionner la modification du système nerveux : en passant du système nerveux sympathique au système nerveux parasympathique. Cette respiration ventrale, aussi appelée « respiration diaphragmatique », va faire intervenir le diaphragme pour agir sur l'abdomen et apporter un maximum d'oxygène au corps.

Ainsi, le système parasympathique va bloquer les effets anxiogènes du système sympathique. La tension du corps va se relâcher un peu plus à chaque expiration. La respiration est la porte d'accès à la méditation. Le stress va s'effacer au profit de la sérénité sous l'action d'une respiration salvatrice.

La respiration carrée

La respiration carrée, aussi appelée Sama Vritti, est une technique issue du Pranayama, un des 8 piliers du yoga : « Prana » signifiant souffle, et « Yama » contrôle.

La technique de respiration carrée est très efficace pour diminuer son stress, gérer efficacement ses émotions et retrouver une sérénité du corps et de l'esprit. Elle permettra grâce à une meilleure oxygénation sanguine de renforcer votre vivacité d'esprit et d'augmenter votre capacité de concentration. Elle s'effectue ainsi : fermez vos yeux quelques instants, prenez une position assise confortable, posez vos mains sur vos genoux. Comme les 4 côtés égaux d'un carré, découpez votre respiration en 4 temps égaux et successifs d'environ 4 secondes chacun :

- Temps 1 (Prana) : Inspirez (durée : 4 secondes)
- Temps 2 (Kumbhaka puruka) : Retenez votre respiration poumons pleins (durée : 4 secondes)
- Temps 3 (Apana) : Expirez (durée : 4 secondes)
- Temps 4 (Kumbhaka recaka): Retenez votre respiration poumons vides (durée : 4 secondes)

Effectuez cette phase une dizaine de fois pour commencer à en ressentir les bienfaits.

L'enjeu de la confiance

> *" On peut, à force de faire confiance, mettre quelqu'un dans l'impossibilité de nous tromper. "*
>
> Joseph Joubert

La confiance apporte plus de sérénité aux négociations. Pourtant, avant que la confiance favorise l'accord, nous devons au préalable ôter la méfiance de la table des négociations. Le négociateur est souvent suspicieux des intentions de ces interlocuteurs. Il est vrai que l'autre partie ne vous veut pas forcément du bien quand ses intérêts sont menacés. Or, cette méfiance est tellement contagieuse qu'elle bloquera l'ensemble des acteurs dans leurs prises de décision.

Pour substituer la méfiance par la confiance, le négociateur devra au préalable avoir confiance en soi, en ses équipes, en son travail, etc.

La confiance en soi permet de dégager la sérénité nécessaire à l'instauration d'une interaction sociale saine et durable. Vos interlocuteurs seront alors sensibles à la sérénité que vous dégagez. En montrant de la quiétude, vous engagez vos interlocuteurs à faire de même. Ce flegme est une étape clé dans l'établissement de la confiance pour que celle-ci rayonne dans la relation entre les acteurs. C'est aussi la meilleure arme pour inhiber ses peurs et faire face aux violences et aux actes de terreur qui peuvent subvenir pendant des négociations en territoire hostile. La confiance est une mécanique de simplification de la complexité de la sphère sociale. L'individu qui accorde sa confiance doit supposer que l'autre lui veut du bien et qu'il ne voudra jamais menacer ses intérêts.

Démontrer sa capacité

Afin de favoriser la confiance de son interlocuteur, le négociateur doit démontrer une assise de compétences, aussi bien techniques qu'intellectuelles, pour démontrer sa capacité à solutionner le problème ouvert par la négociation. La capacité du négociateur à maîtriser le processus de la négociation favorise sa crédibilité au regard de son homologue.

Tenir ses promesses et ses engagements

Pour asseoir cette crédibilité, le négociateur doit tenir ses promesses. Il doit faire ce qu'il dit à la lettre. Si un changement d'environnement devait remettre en question son engagement, le négociateur devrait impérativement rouvrir le dialogue pour expliquer les nouvelles conditions afin de faire accepter la révision de sa proposition. Il doit nécessairement protéger sa parole, car elle est son outil de travail le plus précieux. Un négociateur sans parole est un négociateur qui éprouvera de grandes difficultés pour engager les protagonistes dans la durée. La durabilité des accords ou des relations qu'il saura tisser est liée à la loyauté qu'il aura exprimée. La réputation est un indicateur clé de la fiabilité du négociateur. Un négociateur qui a une bonne renommée permettra de rassurer sur sa capacité de tenir ses promesses et ses engagements. L'honnêteté et la dévotion sont assurément deux des qualités intimement liées dans les relations entre le négociateur et son mandant.

Exiger la réciprocité

Quand le négociateur choisit la voie de la confiance et de la durabilité de la relation, il doit exiger la réciprocité de son homologue, au risque de se voir trompé et perdant dans la négociation. Toute la difficulté réside dans la lecture de la stratégie et des tactiques de son interlocuteur. Nous devons rappeler au préalable de la négociation que nous souhaitons mettre en place une relation saine et durable basée sur la confiance et que nous demandons son approbation par toutes les parties prenantes. Nous ne manquerons pas de mentionner les conséquences de la détérioration de la confiance sur la relation et sur les résultats de la négociation. Nous reviendrons plus tard avec la méthode VIATIS sur l'orientation à donner en fonction de l'environnement dans lequel on négocie, mais aussi des résultats recherchés.

Et malgré tout, protégez vos territoires !

" L'art du leadership est de dire non,
pas de dire oui. C'est très facile
de dire oui. "

Tony Blair

Faire face à des situations hostiles, c'est accepter de travailler avec des émotions excessives ; c'est toucher le conflit et tenter d'y remédier. Maîtriser ses comportements et transformer son stress par de la sérénité pourront favoriser la reprise d'un dialogue et permettront de s'éloigner de la zone de conflit. Pour autant, nous ne devons pas laisser notre opposant librement conquérir nos territoires de négociation au détriment de nos objectifs. Telle une frontière physique ou matérialisée, les limites de nos territoires de négociation doivent être protégées. Dans notre chapitre sur les territoires, nous assimilions les frontières aux valeurs planchers ou aux lignes de rupture.

Théoriquement, la prospective de négociation pour le vendeur sera croissante sur l'axe des abscisses et des ordonnées. Ainsi, le vendeur souhaitera livrer le plus tard possible pour ne pas pénaliser son stock, alors que l'acheteur souhaitera une livraison rapide. Le vendeur souhaitera optimiser son prix de vente et livrer le plus tard possible. De ce fait, l'acheteur cherche à minimiser le prix de vente et à être livré le plus rapidement possible. La tendance de la négociation pour l'acheteur sera décroissante sur l'axe des abscisses et des ordonnées. *(cf. Les territoires hostiles p. 23).*

Passer le test

Certaines personnes tenteront toujours de tester le fondement de ces frontières. Les enfants sont très habiles pour tester ces limites quand ils veulent obtenir ce qu'ils souhaitent. Les parents s'accordent du temps et utilisent la parade du 1 – 2 – 3 avant de sanctionner leurs enfants.

Pour autant, quand aucune modification du comportement de l'enfant n'est constatée à 2, certains parents ont tendance à compter 2 1/4 , 2 ½, 2 ¾ , d'autres oublient l'ultimatum du 3 et restent dans l'inaction. Ce cas de figure illustre parfaitement comment les enfants testent les limites de leurs parents. Sans le savoir, ils leur font passer un test psychologique pour évaluer leurs comportements prédictifs. Si les parents restent dans l'inaction après la fin de l'ultimatum, aucun danger ! Ils peuvent continuer librement. Par contre, si les parents font preuve de fermeté en mettant en application la sanction à la fin de l'utimatum, l'enfant ne testera plus la capacité de ses parents. Il risquera de faire pression sur la décision de ses parents par d'autres stratagèmes : les pleurs, la crise de colère, la séparation des pouvoirs entre papa et maman, etc. Il en est de même en négociation. Le négociateur doit faire preuve de fermeté pour repousser la volonté de conquête de la partie opposée. La protection de sa ligne de rupture est le test à ne pas rater. C'est sûrement la seule fois où l'adverbe « non » peut être utilisé dans la diplomatie d'affaires. Tout le reste sera négocié. La personne qui tente de forcer votre décision essaie par ses actes de manipulation de prendre l'ascendant sur vous et de vous contrôler...

Ainsi, pour protéger ses territoires, il devra exprimer clairement et fermement ses limites. Il devra s'assurer que le message a bien été compris par son interlocuteur sans qu'il soit perçu comme une menace. Dans tous les cas de figure, le négociateur n'acceptera jamais une offre qu'il a préalablement refusée car en dessous de sa valeur plancher. Par conséquence, une autre règle élémentaire s'impose en négociation : nous devons toujours mettre en action ce que nous disons. Ce comportement vise à protéger notre crédibilité. Comment imaginez-vous pouvoir être crédible si l'ensemble de vos paroles sont vues comme illusoires ?

Se prévenir du mensonge

À l'avenant, le mensonge est un mauvais allié en négociation. Il peut donner l'illusion de victoire rapide sur son adversaire s'il gobe notre contre-vérité. Pourtant, il s'avère bien souvent totalement contre-productif. En effet, quand la vérité éclate, c'est votre crédibilité qui sera engagée. Le mensonge offre une perspective court-termiste de l'échange dans la relation. Même si vous choisissez le camp de la vertu et n'utilisez pas le mensonge dans vos négociations, vous ne serez jamais à l'abri que votre interlocuteur en décide autrement... Abraham

Lincoln nous disait à propos du mensonge : « Je ne serai jamais un bon menteur car je n'ai pas assez bonne mémoire. » Quand vous soupçonnez des mensonges, il n'est pas indispensable de soumettre votre alter ego au polygraphe, questionnez-le plusieurs fois sur les mêmes faits pour déceler des versions différentes. Les homologues sans scrupules tenteront d'exploiter vos failles individuelles pour s'octroyer la valeur sur vos territoires. Alors ne laissez pas apparaître la moindre faiblesse, et agissez de manière ferme quand il s'agit de la protection de la limite de vos territoires.

La préparation émotionnelle

Travailler sur sa préparation émotionnelle est indispensable quand nous évoluons en territoire hostile. Napoléon nous confiait que la préparation est plus importante que l'exécution.

La pression à laquelle nous sommes soumis peut faire osciller notre équilibre émotionnel. Le territoire hostile exacerbe nos peurs, notre colère, notre mépris quand le désaccord se fait ressentir. La projection nous aide à sortir de la spirale destructrice : action-réaction.

Nous devrons nous poser quelques questions pour tenter de maîtriser nos émotions et sortir des réactions instinctives générées par le stress. Kimberlyn Leary, professeur de psychologie de la Harvard Medical School, a proposé un bilan introspectif de 6 questions pour nous préparer à gérer nos émotions avant la négociation (Leary, Pillemer, & Wheeler , January-February 2013).

1. Qu'est-ce que vous voulez ressentir pendant votre négociation ?

Nous nous questionnerons au préalable sur le parcours émotionnel que je souhaite prendre pendant la négociation. Quelle émotion souhaitez-vous à vos côtés ? De la colère, de la joie ? Devons-nous être calme ou en alerte ? La difficulté réside dans l'équilibre qu'offrent certains paradoxes de la négociation. Nous évoquerons ces contradictions plus tard dans ce livre (cf. page 112). Ces réponses dépendent du « moi » de chacun, de sa capacité individuelle à gérer les situations même les plus complexes. Cet équilibre constant est complexe à tenir. Une personne trop calme pourrait ne pas être suffisamment alerte en cas de danger. Une personne trop agitée n'apporterait pas la sérénité nécessaire à la prise de décision pendant la négociation.

2. Pourquoi voulez-vous vous sentir dans cet état ?

Nous nous interrogerons ensuite sur les causes de cette volonté. Nous nous poserons la question de savoir pourquoi nous souhaitons être dans cet état. Quelle que soit la nature de l'état recherché, nos expériences passées influencent bien sûr cette réponse.

3. Qu'est-ce que je peux faire au préalable pour me sentir dans cet état ?

Nous nous demanderons comment nous pouvons faire pour ancrer nos émotions sur la situation que j'ai choisie au préalable lors de la question 1.

4. Qu'est-ce qui peut me faire sortir de mes gonds ?

Nous nous demanderons quels éléments peuvent nous mettre en colère. Nous sonderons les sujets qui sont importants pour nous et sur lesquels nous avons de fortes croyances ou opinions.

5. Qu'est-ce que je peux faire pour garder mon calme pendant la négociation ?

Nous nous demanderons comment faire pour garder notre calme tout en flirtant avec le danger.

6. Comment voulez-vous vous sentir à la fin ?

Enfin, nous nous projetterons sur l'état final recherché.

La gestion du temps

La gestion du temps a toujours été cruciale en négociation. Le temps est un pouvoir central du négociateur. Nous reviendrons sur ce point (cf. page 117). Quand la crise émotionnelle se manifeste, nous subissons l'explosion d'un cocktail hormonal : ocytocine, glucocorticoïdes, noradrénaline, sérotonine, dopamine ou cortisol, etc. (cf. page 48). En résumé, ce mélange d'hormones prend le contrôle et agit sur nos réponses cognitives, physiologiques et comportementales. Prendre une décision, tenter de résoudre un problème ou simplement penser de manière rationnelle ne pourra pas être effectué pendant une crise émotionnelle. En somme, impossible de négocier correctement sous l'emprise d'émotions. Le seul remède pour rouvrir une fenêtre favorable est d'inviter le temps dans sa négociation.

La suspension de séance

Le négociateur pourra toujours demander une suspension de séance quand l'émotion viendra perturber les échanges. Ambroise Bierce avait noté la dangerosité de parler sous le contrôle de la colère : « Parlez quand vous êtes en colère et vous ferez le meilleur discours que vous regretterez à tout jamais. » (Bierce, 1912)

De même, lorsque la communication devient inaudible et que l'on tourne en rond, il est fondamental de suspendre la séance. Les experts estiment à 20 minutes le temps nécessaire pour retrouver une balance émotionnelle neutre. Ainsi, une pause de 20 à 30 minutes serait parfaite pour retrouver ses esprits et reprendre la négociation dans de meilleures dispositions. Le rythme de la négociation sera ralenti sur le moment, mais pour aller plus vite par la suite.

L'ajournement de séance

Dans le cas où la suspension de séance n'apporterait pas le remède adéquat pour que la négociation se remette sur les rails, le négociateur devra ajourner la séance. L'ajournement de séance peut être bien évidemment lié aux raisons citées ci-dessus. L'ajournement de séance peut aussi être une décision tactique : un changement d'environnement, des nouvelles informations obtenues seront autant de motifs de remise de la négociation à une date ultérieure.

COMPRENDRE LES PARTIES PRENANTES

« La paix ne peut être maintenue par la force ; cela ne peut être réalisé que par la compréhension. »

Albert Einstein

Il ne faut jamais sous-estimer le besoin des personnes avec qui vous négociez. Bien que critiqué aujourd'hui par la pensée moderne, Maslow avait établi une classification des besoins, bien connue sous le nom de pyramide de Maslow. Pourtant, dans ses recherches, Maslow n'a jamais fait référence à l'utilisation d'un modèle pyramidal. Maslow expliquait que chaque besoin devait être satisfait pour pouvoir passer à la catégorie supérieure (Maslow, 1954). L'étude sur les motivations de Maslow a été réalisée sur des populations occidentales. Elle n'est pas vérifiable sur des populations orientales.

Les besoins physiologiques (faim, soif, etc.) forment la première catégorie. Le besoin de sécurité vient ensuite. Nous ne limiterons pas le besoin de sécurité à l'intégrité physique des personnes, mais plus amplement au besoin de sécurité psychique ou psychologique. Le besoin d'appartenance correspond à une recherche de relation sociale. Il s'exprime par une intégration dans une équipe, tant par l'appartenance à revendiquer l'appartenance que par l'acceptation des autres.

Besoins physiologiques

Les besoins physiologiques (faim, soif, etc.) forment la base de la pyramide, car ils sont liés à la survie. Nous noterons que la privation des besoins primaires était autrefois utilisée dans la torture : des individus étaient délaissés en plein soleil sans eau, ni nourriture.

Le besoin d'appartenance

Le besoin d'appartenance fait intervenir la dimension sociale de l'individu, qui a besoin d'être accepté par les autres. L'individu a besoin d'obtenir de l'affection. Il souhaite démontrer son utilité pour justifier de son interdépendance sociale.

Le besoin d'estime

Le besoin d'estime se réfère à la volonté d'être reconnu à travers un statut social, des responsabilités au sein d'un groupe social ou bien une réputation positive évaluée pour ce même groupe.

Le besoin d'accomplissement de soi

Enfin, le besoin de s'accomplir vise à se détacher du matérialisme pour s'épanouir. La croissance personnelle vise à l'épanouissement du soi.

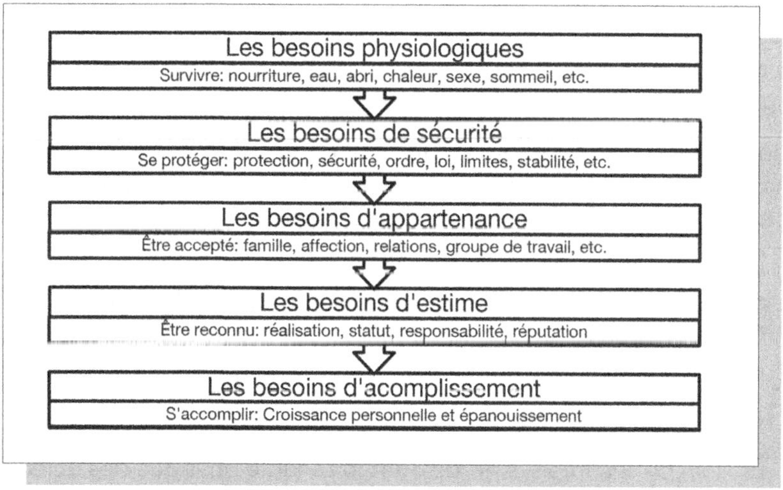

Figure 22 : La classification des besoins selon Abraham Maslow

La pyramide du besoin en négociation

> *" Celui qui ne peut pas vivre en société, ou qui n'a besoin de rien parce qu'il se suffit à lui-même, ne fait point partie de l'État ; c'est une brute ou un dieu. "*
>
> Aristote

Nous nous sommes appuyé sur la pyramide des besoins établie par Abraham Maslow pour établir une pyramide qui s'applique plus spécifiquement au négociateur.

Besoin physiologique

Nous devons sécuriser les besoins physiologiques de notre interlocuteur pour qu'il soit mis dans de bonnes dispositions pour négocier. Ainsi, il convient de prendre en considération la faim, la soif, la fatigue, etc.

Un homme d'affaires ayant fait un long voyage et pris dans le décalage horaire ne sera pas forcément mis dans de bonnes dispositions pour négocier. La fatigue aura tendance à faire baisser son attention. La conséquence sera un accord obtenu sans fiabilité ou sans conviction.

Des pauses devront aussi agrémenter les longues négociations pour que chacun puisse garder une attention particulière à sa décision.

Besoin de sécurité

Le besoin de sécurité s'exprime dans la sécurité physique des acteurs, mais également dans la sécurité de l'accord.

La sécurité des acteurs

Avant d'ouvrir les négociations, nous devons toujours nous assurer de la sécurité des acteurs, surtout dans des zones à risque. La négociation devra donc avoir lieu sur un territoire sécurisé. Nous pensons théoriquement à un territoire éloigné du conflit et de toute influence. Or, la sélection du territoire n'est pas si simple à définir. Un territoire présuppose naturellement l'influence de tel ou tel acteur. Par exemple, la conférence de Yalta, qui symbolise la victoire des Alliés face à l'Allemagne dans la Deuxième Guerre mondiale, s'est tenue sur les bords de la Crimée. Le choix de Yalta était une condition sine qua non émise par Joseph Staline. Il souhaitait que cette rencontre ait lieu en terre soviétique pour montrer la toute-puissance de son armée.

Plus récemment, l'Ukraine et la Russie ont négocié avec le support de l'Europe la fin de la guerre de Crimée à Minsk en Biélorussie. La capitale biélorusse laissait supposer une capacité forte d'influence de la Russie sur les négociations.

Si la négociation a lieu dans un environnement chahuté, les négociateurs devront garder une distance raisonnable du danger : d'une part pour la protection de leur intégrité physique, d'autre part pour ne pas être soumis à des emprises qui mèneraient à des décisions non consenties. Cette distance de sécurité devra préalablement être établie en fonction des risques auxquels les acteurs sont exposés. Dans l'éventualité de danger immédiat, il faudra mettre en sécurité l'ensemble des acteurs. Dans le cas où la sécurité ne peut être assurée, il faudra suspendre ou différer la négociation (cf. page 93) et extraire les participants de la cohue générale.

La sécurité de l'accord

La sécurité de l'accord peut se concrétiser par la rédaction d'un contrat. Le contrat établira le cadre juridique de la négociation. Il indiquera l'ensemble des accords dédiés à chaque variable. Il définira également les sanctions de non-application de l'accord et les voies de recours en cas de contestation (médiation, arbitrage, judiciaire). Les sanctions de non-application de l'accord visent à établir le coût de la sanction en cas de non-respect du contrat. En quelque sorte, ils assombrissent l'ingrédient essentiel de la négociation pour se sentir en sécurité : la confiance. Pourtant, comme vu en début d'ouvrage, la confiance est remplacée par la méfiance, voire la défiance en territoire hostile (cf. p. 34 Du manque de confiance vers la méfiance et la défiance).

Les modes de résolution de conflit cités précédemment diffèrent essentiellement par la personne qui détient le pouvoir de décision :

- En médiation, le pouvoir de décision est confié aux acteurs. Ils peuvent entrer ou sortir du processus de médiation quand ils le souhaitent.
- Dans la procédure d'arbitrage, le pouvoir de décision est confié à l'arbitre (généralement trois arbitres). Il décidera seul de la sentence à rendre dans un cadre privé.
- Dans la procédure judiciaire, l'affaire est plaidée devant le tribunal publiquement (sauf dans le cadre de procédure à huis clos). Le juge, ou le jury, détient le pouvoir de décision.

Pour sécuriser l'accord, la signature du contrat pourra faire l'objet d'une présentation officielle. Une importante médiatisation de la signature du contrat favorisera encore plus la sécurité de l'accord. Cette action n'est pas un simple besoin narcissique, mais est beaucoup plus stratégique qu'il n'y paraît. Ce protocole d'officialisation oblige votre interlocuteur à accepter le contrat et à ne plus reculer dans sa mise en œuvre. Ne pas respecter son engagement le mènerait à discréditer publiquement sa parole. Cette technique est souvent utilisée dans les négociations internationales, où les caméras se saisissent de l'instant de paraphage du contrat.

Besoin de reconnaissance sociale

L'homme recherche inconsciemment la connexion avec les autres. L'ethnologie a mis en exergue le fonctionnement tribal de l'homme. Il aime être reconnu et accepté par les groupes auxquels il s'identifie. Il déteste être rejeté. Ainsi, il aura de la facilité à s'insérer dans des groupes qui partagent les éléments qu'il apprécie et dont il aime discuter (ce qui l'attire et le rend heureux). Ce concept est appelé « identification projective » en psychologie. L'identification projective établit un rapport intime avec une personne dont on s'attribue certains traits de la personnalité ou dont on a partagé des expériences similaires par le passé. Ainsi, si vous avez vécu un divorce, il y a de grandes chances que vous tissiez des liens plus intimes avec les personnes d'un groupe ayant partagé ce même désagrément.

A contrario, vous vous éloignerez naturellement des groupes qui portent des idéologies qui vous mettent en colère ou vous énervent.

La reconnaissance sociale permet une influence positive sur les acteurs du groupe, et permet ainsi également d'éloigner la violence. Par conséquent, si l'on souhaite éviter le conflit, il est nécessaire de reconnaître l'autre et de s'ouvrir à une vision subjective des situations.

Besoin d'estime et de respect

A travers sa recherche de reconnaissance, l'homme recherche également l'estime de soi et l'estime de l'autre.

L'estime de soi

L'estime de soi est l'évaluation de la valeur qu'une personne a d'elle-même. Nous parlons d'autoévaluation. Quand les actions réalisées sont évaluées de manière positive, la personne est mise dans une situation de valorisation. À l'inverse, quand les actions sont évaluées de manière négative, il est question de dévalorisation.
Ces mécanismes de valorisation et de dévalorisation vont mener à des comportements différents chez la personne. La valorisation va favoriser l'action, l'expression de ses besoins. Une personne ayant une juste estime de soi exprimera ses désaccords, mais prendra sa décision en tout état de cause. La dévalorisation va privilégier la non-expression des besoins. La personne portant une faible estime d'elle-même minimisera son apport dans le débat et se mettra en retrait des échanges. Cette perspective est totalement contre-productive, car elle pourra mener à une indécision, ou bien, dans le cas où un accord est trouvé, à la remise en question de cet accord dans le temps.

L'estime de l'autre

L'estime de l'autre mène à sa valorisation. De la sorte, il faut lui accorder la reconnaissance de ses succès, de ses qualités ou de ses opinions. Il faudrait toujours reconnaître l'apport de ses arguments au développement du débat. L'homme a un immense besoin d'être écouté et entendu. Il fait toujours attention à ce que les autres pensent de lui. Il déteste le ridicule et être mis en difficulté. Si vous souhaitez sortir d'une négociation hostile, évitez donc de focaliser sur les situations délicates. Respectez votre interlocuteur, et surtout, évitez de vous comparer à lui. Dans le cas d'un accord conclu, il faudra partager la fierté d'accomplissement de cet accord entre toutes les parties. La valorisation de l'autre doit être distinguée de la flatterie. La flatterie est peu authentique, tandis que l'estime de l'autre doit être indubitable.

Besoin de gagner quelque chose et besoin de ne pas perdre

La citation « la carotte ou le bâton » fait écho à ce qu'est la négociation. L'homme fera toujours son possible pour ne pas souffrir (« éviter la punition représentée par le bâton ») et pour trouver du plaisir (« obtenir la récompense imagée par la carotte »).

La carotte

L'homme est attiré par le gain. Il a besoin de gagner quelque chose. La métaphore de la carotte revient souvent en négociation pour justifier de cet apport. Cette idée est portée par la notion psychologique de circuit de la récompense. Les travaux sur le système de récompense ont été initiés par James Olds sous la direction de Peter Milner, deux chercheurs de l'Université de Mc Gill à Montréal. Ils travaillaient sur l'étude des fonctions cérébrales en implantant des électrodes sur la zone septale du cerveau de rats. (Milner & Olds, 1954) Ils découvrirent que les rats recherchaient la sensation de plaisir en auto-stimulant une décharge électrique par un levier via l'électrode posée sur leur cerveau. La sensation de plaisir allait même vers un phénomène d'accoutumance de la sensation de plaisir : le rat allant jusqu'à l'oubli de ses besoins fondamentaux pour privilégier l'activation de l'électrode.

Le bâton

À l'inverse, des électrodes, non plus placées dans la zone septale mais en arrière de l'hypothalamus, démontraient que les rats évitaient d'actionner l'électrode après une première impulsion électrique. Ce phénomène aversif reprend la sensation de souffrance au détriment de la sensation de plaisir. La sensation de souffrance est évoquée dans l'allégorie du bâton communément reprise en négociation. De la sorte, l'homme est effrayé par les pertes. Il essaye inconditionnellement d'éviter ou de minimiser les dommages ou la souffrance.

Projection

L'homme exprime un besoin de se projeter dans le futur. Il ne souhaite pas rester bloqué dans le passé. Ainsi, pour se prémunir d'une situation conflictuelle, il faut engager son interlocuteur vers une relation continue et lui offrir une orientation future des projets communs. Il est inutile de revenir sur des reproches faits par le passé.

Besoin de contrôler ses décisions

L'homme exprime un besoin de contrôler ses propres décisions. Il refusera toutes les décisions qui lui sont imposées. Pour obtenir un accord, nous devons le laisser faire ses choix sans manipulation ou influence visible. Il convient donc de ne pas presser les décisions d'autrui.

La gestion du temps prend alors une importance particulière. Le négociateur devra gérer les temps de la négociation. Dans certains cas, il faudra accentuer la cadence pour ne pas enliser la négociation dans des indécisions pénalisantes. Dans d'autres cas, et plus spécifiquement avant une décision, il devra ralentir le rythme de la négociation et s'armer de patience pour laisser à son interlocuteur le temps de mûrir sa propre décision.

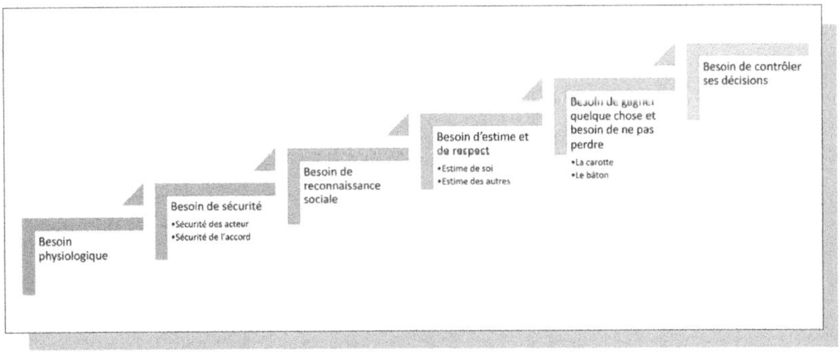

Figure 23 : Pyramide des besoins

Compréhension psychologique de l'individu

" Mettez la compréhension active
en lieu et place de l'irritation réactive
et vous dominerez les choses. "

Franz Kafka

Afin de comprendre la psychologie de l'individu, nous pourrons nous appuyer sur cet outil de profiling. Il nous aidera à dresser un profil psychologique des personnes avec qui l'on négocie afin de mieux comprendre leur état mental, intellectuel, culturel, personnel, professionnel, etc.

Avant tout, il est important de rappeler les règles éthiques d'usage : respecter la loi, la réglementation, les contrats, la propriété intellectuelle, et les données personnelles. La récolte d'informations sur autrui est régulée par la loi. Il ne peut être utilisé que des techniques qui permettent de récupérer de l'information sans que cette collecte soit considérée comme une intrusion dans la vie privée d'autrui (cf. Règlement européen sur la protection des données – RGPD).

Données personnelles	Nom	
	Prénom	
	Position dans l'entreprise	
Éducation	Filières	
	Niveau d'éducation	
	Diplôme	
	Thématique de recherche	
Cadre de vie (passé, présent, futur)	Situation familiale (occupation, fratrie)	
	Résidence	
Expériences, réalisations et reconnaissances	Pro	
	Perso	
Réputation	@ Réputation virtuelle	
	Réputation professionnelle	
	Réputation personnelle	
Culture	Languages	
	Idéologie	
	Système de valeurs	
Convictions	Morale	
	Éthique	
	Déontologique	
Influence décisionnelle potentielle	Dans l'organisation	
	Des acteurs	
	Des réseaux	
Habitudes et style de vie	Mode de consommation	
	Mode de production	

Personnalités (idiosyncrasie)	Besoin	- résultat, performance, rapidité, respect et pouvoir.
		- plaisir, prestige, jeu, reconnaissance, défi et nouveauté.
		- famille, sécurité, stabilité, honnêteté et loyauté.
		- logique, sécurité et garantie.
Personnalités (idiosyncrasie)	Qualités	- gagnant, ambitieux, efficace, rapide, leader, responsable, courageux, expressif et riche.
		- joyeux, passionné, enthousiaste, charismatique, très social, articulé, drôle, créatif et aime le changement.
		- humain, chaleureux, docile, altruiste, beaucoup de compassion, esprit de famille, fidèle, bon travaillant, respectueux, patient, sincère, diplomate, empathique, à l'écoute et soucieux de l'environnement.
		- intelligent, analytique, rationnel, organisé, structuré, ordonné, responsable, respectueux des règlements, fiable, ponctuel et persévérant.
Personnalités (idiosyncrasie)	Défauts	- direct, directif, contrôlant, impatient, colérique, insensible, peu diplomate, prétentieux, imbu de lui-même et même un peu effronté.
		- spontané, impulsif, infidèle, désorganisé, en retard, traîneux, dépensier, superficiel, nul dans les suivis, peu responsable et peu fiable.
		- traditionnel, déteste le changement et les risques, lent, réactif, routinier, manque d'ambition et de leadership, ne s'exprime pas assez et manque de confiance en lui.
		- très perfectionniste, critique, réservé, indépendant, froid, distant, sens de l'humour très faible et économe.
Hobbies		

La compréhension interculturelle

" Ce qu'il faut surtout pour la paix,
c'est la compréhension des peuples.
Les régimes, nous savons ce que c'est :
des choses qui passent. Mais les peuples
ne passent pas."

Charles de Gaulle

Une fois notre outil de profiling dûment rempli, nous nous attacherons à comprendre la culture de la personne, dans quel univers il évolue. Il faudra prendre de la distance pour avoir une vision macrosociale, mais aussi prendre des précautions pour ne pas tomber dans des stéréotypes. « La culture est la programmation collective de l'esprit humain. » (Hofstede, 2001) Plus précisément, la culture est « l'ensemble des croyances, valeurs, comportements, coutumes et attitudes qui distinguent les personnes d'une société d'une autre » (Kluckholn, 1951). La culture doit être vue comme un filtre à travers lequel nous percevons, évaluons, jugeons et interagissons. La culture est constituée des valeurs, des croyances, des rituels, des coutumes, des attitudes et des comportements acceptés d'un groupe de personnes.

Les différences culturelles sont tellement riches qu'il ne serait pas possible d'établir un inventaire universel des bonnes pratiques culturelles. Plusieurs chercheurs ont travaillé sur les enjeux des dimensions culturelles. Nous allons présenter le modèle de Geert Hofstede, qui nous semble le plus adapté à notre besoin de compréhension de l'univers de l'individu.

Les dimensions culturelles d'Hofstede

Geert Hofstede réalisa en 1970 une étude quantitative pionnière appelée « projet Hermes ». 90 000 employés d'IBM participaient à cette étude impliquant 53 pays différents. Il mit en avant 4 dimensions culturelles universelles :

- La distance du pouvoir autoritaire – libérale (PDI) : variable sur la répartition appropriée du pouvoir dans la société
- L'acceptation de l'incertitude – l'évitement de l'incertitude (UAI) : degré d'incertitude qui peut être toléré et son impact sur l'élaboration des règles
- L'individualisme – collectivisme (IDV) : importance relative des intérêts individuels par rapport aux intérêts du groupe.
- La masculinité – féminité (MAS) : assertivité contre passivité ; possessions matérielles contre qualité de vie.

En 1991 et 2010, il complétera son étude initiale par deux nouvelles dimensions culturelles :

- Long terme – court terme (LTO) : perspectives liées à l'orientation du temps sur le travail, la vie et les relations.
- Indulgence – contention (PRA) : principalement lié au bonheur subjectif et du contrôle de la vie

Échelle d'encrage	
Faible distance de pouvoir : croyance que les leaders efficaces n'ont pas besoin d'avoir des quantités substantielles de pouvoir par rapport à leurs subordonnés.	**Distance de pouvoir élevée :** croyance que les personnes en position d'autorité devraient avoir un pouvoir considérable par rapport à leurs subordonnés.
Faible évitement de l'incertitude : tolérance à l'incertitude ; peu de règles pour limiter l'incertitude.	**Évitement de l'incertitude élevé :** intolérance à l'incertitude ; nécessité de nombreuses règles pour limiter l'incertitude.
Collectivisme : les intérêts du groupe prévalent généralement sur les intérêts individuels.	**Individualisme :** les intérêts individuels ont généralement la priorité sur les intérêts du groupe.
Masculinité : valorise les possessions matérielles, l'argent et la poursuite d'objectifs personnels.	**Féminité :** valorise la forte pertinence sociale, la qualité de vie et le bien-être des autres.
Orientation à court terme : orientation vers le passé ou le présent. Valorise les traditions et les obligations sociales.	**Orientation à long terme :** orientation vers le futur. Valorise le dévouement, le travail acharné et l'épargne.

Tableau 1 : Les dimensions culturelles selon Geert Hofstede

L'application du modèle d'Hofstede permet d'analyser chaque culture ou sous-culture.

Avant de négocier à l'étranger, il est au minimum requis de se familiariser avec la culture dans laquelle nous allons évoluer. Il sera bien sûr difficile de connaître sans expérience les rituels propres de la culture : les échanges de cadeaux en Chine, le karaoke au Japon, la ponctualité en Allemagne, etc. Toutefois, à bon escient, nous pourrons toujours consulter les données empiriques disponibles sur Internet. Je conseillerai personnellement de visiter ces deux sites afin de comprendre l'environnement culturel dans lequel vous allez évoluer :

https://www.hofstede-insights.com

Le site hofstede-insights.com permet d'obtenir les indices culturels de chaque pays en utilisant la matrice créée par Hofstede.

https://www.gapminder.org

Le site Internet gapminder.org regroupe l'ensemble des principaux indicateurs statistiques par pays. Il met en avant l'évolution des tendances au fil des années.

Lost in translation

Le Japon a fait l'objet de nombreuses recherches en négociation. Il est sûrement un des pays les plus paradoxaux au monde, où l'hyper-modernité se confond à la tradition. Cette problématique a été merveilleusement bien transcrite dans le film « Lost in translation » de Sofia Coppola, avec Bill Murray et Scarlett Johansson.

La culture japonaise est tellement codifiée qu'elle devient un vrai casse-tête pour les Occidentaux sans expérience. Ne pas connaître les « Giri » (les obligations sociales) serait catastrophique. Tout d'abord, les Japonais différencient l'être et le paraître à travers le Honne et le Tatemae. Le Honne représente les véritables sentiments, le désir intime, le vrai soi. Le Tatemae décrit la conduite et les opinions que l'on expose en public, le masque public codifié par la société japonaise.

Les Japonais attachent une importance particulière à l'harmonie. Ils ne sont pas frontaux dans les échanges. Ils ne disent jamais « non » (« iie »), mais plutôt « c'est difficile ». « Refuser » (« kotowaru ») en japonais n'est jamais utilisé. Ils détournent souvent la proposition pour ne pas être dans l'opposition. Ils vont dire : « Laissez-moi réfléchir » ou « Je vais voir ». Quand ils souhaitent apporter des modifications à une proposition faite, ils formuleront des arguments tels que : « Aujourd'hui, c'est un peu » (« kyô wa chotto... »), « Ça, c'est un peu » (« sore wa chotto ») ou « C'est délicat / difficile » (« bimyô desu »).

Si vous négociez avec des Japonais, il est recommandé de rencontrer vos homologues, en personne, quand vous êtes dans une position de demandeur.

J'intervenais pour un équipementier automobile dans un pays d'Europe de l'Est juste après la catastrophe de Fukushima. Les lignes de production étaient à l'arrêt par manque de pièces d'un sous-traitant japonais. Le monosourcing[7] est interdit dans beaucoup d'industries ; pourtant, cela arrive de se retrouver dans ce cas de figure... La panique régnait dans l'usine. La direction était sous pression car elle entrevoyait déjà les retards de livraison auprès des grandes marques automobiles européennes. Les pénalités de retard dans ce type de cas sont énormes. J'arrivais en conseil de la responsable du compte fournisseur pour lui porter assistance dans ce problème. Elle venait d'être nommée et n'avait aucune expérience avec l'industrie japonaise. Elle portait sur ses épaules toute la pression de la direction. Afin d'obtenir les pièces électroniques tant désirées, elle harcelait le fournisseur japonais en lui envoyant des e-mails matin, midi et soir. Elle appelait tous les matins son fournisseur pour tenter de décrocher une livraison rapide de ses pièces. C'était sans connaître la culture japonaise... Le fournisseur japonais ne donnait pas suite aux appels et aux e-mails de mon client. Je décidai donc d'aller rendre visite à l'homologue japonais. Je devais montrer à travers ce voyage que j'accordais une importance particulière à notre relation. Je n'hésitais pas à investir le temps nécessaire et les frais de voyage pour la construction de notre relation. J'arrivai à Tokyo en début d'après-midi et me dirigeai immédiatement chez le fournisseur à Saitama à quelques heures de route. Je fus reçu immédiatement par le fournisseur. Une haie d'honneur fut réalisée à mon arrivée et des messages personnels de bienvenue étaient présents sur tous les écrans de l'accueil. Le responsable de l'usine vint me saluer.

Nous échangeâmes d'abord nos cartes de visite, « meishi » (名刺). Comme pour un cérémonial, l'échange des cartes de visite est aussi extrêmement codifié au Japon. La carte de visite doit être remise à deux mains. La hauteur à laquelle nous présentons la carte de visite témoigne du degré d'estime et de respect que l'on porte à la personne. Nous saluons en même temps par une inclinaison de la tête. Nous devons impérativement regarder et lire intérieurement la carte de visite. La carte de visite est la représentation de votre homologue. Nous devons donc montrer notre respect. Nous éviterons d'écrire des annotations sur la carte, de jouer avec, ou bien de la ranger sans attention. Il est également important de bien respecter la hiérarchie au Japon. La carte de visite doit être remise d'abord à la personne ayant la position la plus haute dans l'entreprise, puis dans l'ordre décroissant de la hiérarchie sociale.

7 Fournisseur exclusif avec qui l'entreprise travaille

Je remerciai mon interlocuteur de me recevoir et le priai de m'excuser pour les messages pressants de ma cliente. Je fus invité à dîner le soir même. Je me battis contre le décalage horaire pour faire bonne figure pendant notre dîner. Notre repas fut suivi d'un karaoké. J'essayais de faire bonne figure dans la reprise des chansons malgré la fatigue et les verres de saké. Le karaoké est un moyen pour les Japonais de voir et partager le tatemae. Il permet la lecture des vrais sentiments, de la vraie personne.

Le lendemain, nous abordâmes notre négociation dans un tout autre état d'esprit. Fini les verres de saké, fini les reprises des tubes locaux ou internationaux, l'état d'esprit était à la représentation des intérêts respectifs pendant la négociation.

La remise des cartes de visite, le dîner et le karaoké font partie des protocoles dans les négociations au Japon. Ils ont chacun un but précis : récolter des informations, cerner la personnalité, comprendre les ambitions.

METTRE EN PLACE LES BONNES STRATÉGIES

" Agir en primitif et prévoir en stratège. "

René Char

Parler de stratégie nous mène à penser aux grands stratèges militaires qui ont fait par leurs victoires et leurs défaites les ouvrages de référence en matière de stratégie. L'étymologie du mot porte d'ailleurs cet héritage. Le mot « stratégie » est composé du mot grec « stratos » qui désigne « armée », et de « ageîn » qui signifie conduire. La stratégie tire son origine de la conduite d'une armée.

Napoléon, Clausewitz, Sun Tzu sont bien sûr les plus connus. Il n'est donc pas surprenant de reprendre la définition d'un militaire pour définir la stratégie. Le général Beaufre la définissait ainsi : « La stratégie se définit comme l'art d'employer les forces militaires pour atteindre les objectifs fixés par la politique. » (Beaufre, 2012)

Certains confondent la stratégie et la tactique. La stratégie concorde avec le but, l'espace, le temps, les forces en présence. La tactique s'appuie sur la logistique, l'opérationnel.

En management, la stratégie se définit comme un processus d'allocations de ressources qui engage une entreprise sur le long terme. Elle s'appuie sur un diagnostic stratégique (étude d'environnement interne et externe) qui permet de mettre en avant les domaines d'activité stratégiques de l'entreprise. Même si les cycles d'établissement des stratégies tendent à se raccourcir, une entreprise travaille sur une vision stratégique de 3 à 10 ans. Un État définit la stratégie qu'il souhaite porter par sa politique jusqu'à 50 ans (même si la durée du mandat ne perdurera pas sur cette durée).

Sun Tzu nous disait dans l'art de la guerre que : « L'emploi des troupes doit être décidé en fonction des points forts et des points faibles décelés chez l'ennemi, après quoi vous attaquerez prestement les positions critiques. » (Sun Tzu, 2017) En désignant les points forts et les points faibles, Sun Tzu effectuait déjà le diagnostic externe. On lui doit d'ailleurs l'invention du SWOT : l'outils élémentaire du marketing. Le diagnostic stratégique se base sur la mise en adéquation d'une analyse interne (forces et faiblesses) et d'une analyse externe (opportunités et menaces).

Charles Darwin nous soutenait que l'être vivant qui survit : « C'est celui qui s'adapte le mieux aux changements qui évolue. » (Darwin, 1906) Notre capacité d'adaptation à notre environnement est primordiale. Nous appelons stratégie de négociation le processus décisionnel qui permet au négociateur d'atteindre les objectifs qui lui sont fixés par son mandat. La stratégie de négociation vise à faire sortir le négociateur du brouillard situationnel dans lequel il se trouve. Toutes ces actions prennent place dans cette atmosphère d'incertitude. La stratégie participe à la réduction de l'incertitude en évaluant constamment les acteurs avec qui nous négocions, et l'environnement dans lequel nous évoluons. Elle tend à tracer un chemin dans le paradoxe des doubles standards.

Le paradoxe des doubles standards

" L'homme a besoin de ce qu'il y a de pire en lui s'il veut parvenir à ce qu'il a de meilleur.. "

Friedrich Nietzsche

Comme l'affirmait Robert E. Cooper, le célèbre diplomate anglais, dans son article du Guardian du 7 avril 2002 : « Le défi de la société hypermoderne est de s'habituer à l'idée des doubles standards. Le droit est un fondement de notre société européenne. Les lois et la jurisprudence encadrent notre système pour offrir la protection des intérêts individuels respectifs et la sécurité collective. Or, d'autres pays sont dans des situations plus dégradées, nécessitent d'utiliser des méthodes antiques plus rudes. Attaquer avec force, attaquer en prévention, mentir, tromper sont les méthodes utilisées par ceux qui vivent dans ce monde brutal et barbare. Quand nous évoluons dans notre monde, nous respectons la loi, mais lorsque nous opérons dans la « jungle », nous devons aussi utiliser les lois de la » jungle ». » (Cooper, 2002)

La vision éclairée de Cooper m'a amené à me questionner sur l'approche stratégique à avoir lors de négociations dans des environnements perturbés. Comme déjà évoqué, le négociateur doit s'adapter à toutes les situations. Il ne choisit pas les personnes avec qui il négocie : il doit négocier autant avec des agneaux qu'avec des loups. Dans certaines conditions, il se transformera en agneau, dans d'autres, en loup. À titre comportemental, se situer sur un de ces modèles n'est pas forcément bon ou mauvais, pourtant, il y aura des conséquences différentes : négocier comme un loup fera fuir les agneaux, tandis que négocier comme un agneau attirera les loups...

Le négociateur oscille entre création de valeur et captation de valeur. D'un côté, **la création de valeu**r permet aux intérêts des deux parties d'être maintenus. Elle s'appuie sur la créativité pour imaginer des solutions orientées sur des gains mutuels. On lui fait souvent le reproche qu'elle manque d'opportunisme et que les intérêts et les objectifs sont difficilement atteints. A contrario, le négociateur va maintenir, voire améliorer la relation entre les acteurs. D'un autre, **la captation de valeur** encourage la captation d'une part raisonnable de la valeur de la négociation. L'accord est seulement satisfaisant au vu des intérêts individuels du négociateur. Elle soutient d'avoir un mental d'acier pour servir ses propres intérêts. La négociation est perçue comme un marchandage avec peu de succès de créer de la valeur commune. La qualité de la relation risque d'être détériorée par l'ambition des intérêts individuels.

Les doubles standards ne s'arrêtent pas à cette vision imagée du comportement du négociateur. Les doubles standards se dissimulent partout dans notre schéma de décision :

- Quel modèle utiliser ? L'autoritarisme ou le libéralisme
- Quel intérêt privilégier ? Individuel ou collectif
- Que faut-il avantager ? La compétition ou la coopération
- Quel type de relation ? La confiance ou la défiance
- Quelle orientation donner ? Long terme ou court terme

Fisher et Ury avaient pointé ces paradoxes en présentant les concepts de négociation distributive et intégrative (Fisher & Ury, 1981).

Négociation intégrative et négociation distributive

Nous présentions en début de ce livre le concept de parts de gâteau. Fisher et Ury se sont appuyés sur l'idée de partage du gâteau pour illustrer ce qu'est la négociation distributive et la négociation intégrative.

La négociation distributive

La négociation distributive consiste en un processus de distribution des parts d'un gâteau dont la taille est fixe. Seule la quantité de la valeur distribuée est variable pour être divisée entre les acteurs de la négociation. Les négociateurs réclament la plus grosse part du gâteau. La négociation distributive est établie sur un modèle compétitif. Au terme de la négociation, il y aura un gagnant et un perdant, car le gain d'une partie entraîne la perte de l'autre. La négociation distributive implique souvent que les personnes qui négocient ont une orientation court-termiste de la négociation. Les acteurs n'entretiennent pas de relation et ne souhaitent pas en avoir dans l'avenir. L'achat d'une voiture ou d'un logement peut convenir à l'utilisation de la négociation distributive, dans la mesure où l'opportunité d'achat reste unique.

La négociation intégrative

La négociation intégrative a pour nature de créer de la valeur. Elle tente de trouver des solutions adaptées pour élargir le gâteau et en faire bénéficier l'ensemble des acteurs. Elle est fondée sur l'intégration des intérêts de l'autre dans la proposition de valeur. La négociation intégrative s'appuie sur des techniques qui visent à améliorer la probabilité d'un accord négocié, ainsi que la qualité de cet accord. La négociation est abordée comme un problème à résoudre en coopération, qui implique un degré plus élevé de confiance et l'établissement d'une relation long-termiste. Elle implique la résolution des problèmes par la créativité collective des négociateurs. Cette approche permet des gains mutuels. C'est pour cela qu'on l'appelle aussi « négociation gagnant-gagnant ».

La négociation mixte

Pruitt porte à notre connaissance que la négociation est un mélange de composantes à la fois intégratives et distributives. Bien que les négociateurs tentent de parvenir à des règlements qui servent le mieux leurs propres intérêts, la plupart des négociations sont considérées comme mixtes, dans la mesure où les intérêts des parties ne sont ni totalement alignés ni totalement opposés (Pruitt, 1983).

Valeur objective et valeur subjective

Curhan, Elfenbein, et Xu complétaient l'approche du résultat objectif d'une négociation par la perception d'une valeur subjective (Curhan, Elfenbein, & Xu, 2006).

La valeur objective fait référence à l'objectif du résultat économique (Curhan, Elfenbein, & Eisenkraft, 2010). Elle s'appuie sur les termes de l'accord (bénéfices). La valeur subjective se base quant à elle sur les ressentis des participants à la négociation. Elle s'interroge sur la durabilité de la relation et sur la satisfaction des acteurs. La satisfaction des acteurs sera-t-elle durable ? L'accord est-il bien orienté vers le long terme ? Les participants auront-ils toujours le désir de négocier ensemble ? Les gains économiques sont portés par l'ensemble des futures négociations. La valeur subjective est intimement liée à la valeur objective. En effet, elle a des conséquences bénéfiques sur la valeur objective, non pas immédiatement, mais sur le long terme. Une relation construite sur des bases saines permet donc d'arriver à des accords qui offrent de meilleurs résultats.

Il convient donc de s'interroger sur l'utilisation des tactique déloyales et autres comportements qui entaillent la relation. Outre le fait de nous questionner sur les valeurs du négociateur, son éthique et son professionnalisme, ces méthodes n'apportent pas de bénéfices sur le long terme. Les conséquences de la malhonnêté, du mépris, de la trahison seront la perte ou la détérioration de la relation.

Même si nous sommes tenus d'obtenir des résultats et de réclamer de la valeur, il est impératif de ne jamais dévier de son sens de l'intégrité. Le négociateur doit préserver à tout prix sa crédibilité, car celle-ci engagera sa réputation, donc la durabilité de son travail.

Parmi ces approches dichotomiques de la négociation, une notion d'équilibre est fondamentalement nécessaire.

L'inventaire des 12 pouvoirs du négociateur

" Savoir pour prévoir afin de pouvoir. "
Auguste Comte

Nous avons identifié 12 pouvoirs qui gravitent autour des négociations. Ces pouvoirs sont distribués aux négociateurs en fonction des intérêts, des environnements et des situations.

Il est tout à fait possible de faire basculer favorablement une négociation avec moins de pouvoir en nombre que l'autre partie, mais en utilisant un pouvoir clé capable de faire basculer la négociation.

Effectivement, avant toute prise de décision, l'inventaire des pouvoirs est une étape indispensable au négociateur pour évaluer les chances de succès de sa négociation. L'inventaire des pouvoirs n'est pas un indicateur de succès. Il ne permet pas d'évaluer ses chances de succès. Toutefois, il facilite la prise de hauteur sur notre stratégie de négociation et de choisir les tactiques adéquates.

Il est important de rappeler qu'avoir du pouvoir ne signifie pas forcément devoir l'utiliser avec outrance. Cet abus de pouvoir construira plus de réticence chez votre interlocuteur qu'il ne favorisera l'accord.

1/ Pouvoir de décision

Dans les négociations d'affaires ou les négociations commerciales, le pouvoir de décision est souvent donné à l'acheteur. En effet, l'acheteur a le choix d'accepter ou de décliner l'offre du vendeur. Néanmoins, il n'est pas rare que ce pouvoir soit à la disposition du vendeur. Si plusieurs acheteurs souhaitent faire l'acquisition d'une entreprise et que plusieurs offres d'achat sont soumises, le vendeur détiendra le pouvoir de décision dans la négociation. Le pouvoir de décision dépend précisément de la supériorité de l'offre sur la demande, ou vice versa de la demande sur l'offre.

2/ Pouvoir de la force

Nous appelons « pouvoir de la force » les éléments dépendant du superlatif absolu de son environnement par rapport à l'autre partie. La quantité et le nombre sont les éléments clés de la détention de ce pouvoir. Par conséquent, vous pouvez détenir ce pouvoir car vous avez plus de moyens que l'autre partie. Ces moyens peuvent être liés aux moyens humains, financiers, etc. Le rapport de force vous sera ainsi favorable en cas de confrontation. Nous classifions le stock disponible dans le pouvoir de la force.

3/ Pouvoir du temps

Le pouvoir du temps donne l'avantage à celui qui a le temps pour conclure la négociation. Celui qui a le temps instaurera le doute dans l'esprit de son interlocuteur.

La nécessité d'immédiateté vous mettra dans une position de demandeur fort, donc dans une dépendance importante auprès de l'offreur. L'offreur s'adjugera alors le pouvoir du temps.

Une histoire qui illustre le pouvoir du temps est bien connue outre-Atlantique. Pendant la période de transfert de la Major League Baseball, des négociations étaient menées entre un joueur, son agent et le club qui souhaitait le recruter. Une première offre avait été émise par le club. L'offre était acceptable en l'état, et son agent souhaitait obtenir l'aval de son client avant de confirmer la décision auprès du club. Cependant, le joueur était injoignable. Il était parti pour le week-end pêcher avec des amis dans un coin reculé de la Virginie. Son agent harcelait son téléphone portable pour obtenir une réponse sous la pression mise par le club, mais sans succès... L'agent, n'ayant pas eu de réponse, décida de ne pas rappeler le club.

Devant cette situation sans réponse, le doute commençait à planer sur le club. Le closing (fermeture de la période de transfert) était proche. L'offre n'était-elle pas à la hauteur ? C'est pour cela que l'agent et le joueur snobaient les appels du club ? Le club décida donc de reformuler une offre de 8 millions supplémentaires. Le joueur, à son retour de week-end, accepta l'offre sans attendre. Il confiait à son agent qu'il aurait même accepté l'offre initiale. L'agent se dispensa de le mentionner au club...

Cet exemple est un cas d'école concernant l'utilisation du pouvoir du temps, combiné au pouvoir de l'incertitude.

4/ Pouvoir de l'incertitude

L'incertitude se définit comme l'incapacité de prévoir un fait ou un événement. Le pouvoir de l'incertitude est la capacité à supporter le risque d'un événement qui pourrait nous être favorable, ou au contraire inopportun. Le pouvoir de l'incertitude nous oblige à accepter de ne pas pouvoir contrôler son futur. Il impose de s'en remettre au destin. Le pouvoir de l'incertitude est en partie lié au pouvoir temps (cf. 3/ Pouvoir du temps p.142). Nous devons nous poser la question suivante pour savoir si nous détenons le pouvoir de l'incertitude : Quelle partie sera fragilisée par l'incertitude dans la prise de décision? Le pouvoir de l'incertitude se positionne dans l'oscillation entre le oui et le non avant la décision. Ce « peut-être » favorisera l'une partie au détriment de l'autre.

À titre d'exemple, imaginons qu'un acquéreur souhaite acheter un appartement. La visite du bien confirme que l'appartement correspond tout à fait à sa recherche. S'il souhaite avoir la certitude d'acquérir le bien, il faudra qu'il soumette une offre. Il délaissera le pouvoir de l'incertitude au profit du vendeur. Le vendeur pourra accepter l'offre ou faire peser le pouvoir de l'incertitude sur l'acquéreur en signifiant que plusieurs acheteurs ont soumis une offre supérieure à la sienne.

5/ Pouvoir de la sanction

Le pouvoir de la sanction est bien connu des parents. Quand les enfants ont fait des bêtises, les parents les sanctionnent par une punition. Il en est de même en négociation. Nous connaissons les sanctions internationales quand les négociations diplomatiques n'aboutissent pas. De nombreux pays ont connu des sanctions économiques. Ces sanctions peuvent aller jusqu'à un embargo total du pays. Le pouvoir de sanction est forcément lié à la règle qui, à un niveau étatique, se nomme la loi. La sanction sera appliquée en toute légitimité si nous sortons du cadre réglementaire.

Citons comme exemple les sanctions commerciales appliquées à l'Union européenne par les États-Unis dans le cadre de subventions illégales du secteur aéronautique. En effet, en 2004, les États-Unis dénoncent à l'Organisation mondiale du commerce des subventions accordées par la France, le Royaume-Uni, l'Allemagne et l'Espagne à l'avionneur Airbus. Ces subventions étaient montrées du doigt par les États-Unis pour concurrence déloyale envers le géant américain

Boeing. Les sanctions s'appliquent sur une augmentation des droits de douane sur des produits européens, estimées à 7,5 milliards de $, soit le préjudice estimé subi par Boeing. Plus récemment, l'histoire allait changer de direction. En octobre 2020, l'OMC autorisait l'Union européenne à sanctionner à son tour les États-Unis pour des aides publiques à son avionneur Boeing. Ces sanctions seront aussi appliquées sur les droits de douane de certains produits américains, à hauteur de 12 milliards de $.

Nous nous appuierons sur le droit pour faire appliquer la sanction. Aussi, un acheteur pourrait supprimer du panel son fournisseur si celui-ci n'abondait pas dans son sens.

6/ Pouvoir de nuisance

Nous appelons pouvoir de nuisance le fait de nuire à son homologue sans se reporter au cadre légal. Le négociateur pourra utiliser son pouvoir de nuisance en retardant les paiements, en refusant les livraisons en dehors de contraintes très strictes. L'acheteur pourrait aussi utiliser son pouvoir de nuisance en demandant des audits de qualité des produits avant réception, etc. Le pouvoir de nuisance peut aller jusqu'au déréférencement de certains produits.

Le cas Coca-Cola-Intermarché

Les négociations récentes entre Coca-Cola et le distributeur Intermarché illustrent bien l'utilisation du pouvoir de nuisance. Nous allons le développer pour préciser les modalités dans lesquelles il a été employé.

Dans sa politique RSE, le groupe Intermarché décidait en 2019 de limiter le nombre de produits du groupe Coca-Cola. Cette demande était poussée par le consommateur : lutte contre l'obésité, lutte contre la pollution plastique, privilégie une production locale via des circuits courts.
En juillet 2019, Intermarché informait Coca-Cola de son souhait de passer de 92 lignes de produits à une quarantaine. Immédiatement, Coca-Cola menaçait de répercuter une hausse de 60 % du prix sur le distributeur, si un tel écrémage de la gamme était réalisé.
La réduction du référencement aurait pour conséquence chez Coca-Cola une baisse des ventes de 20 % chez Intermarché, soit une perte de chiffre d'affaires estimée à 9 %.

Le 6 janvier 2020, Coca-Cola décidait donc de ne plus livrer l'ensemble de ses gammes produit aux magasins Intermarché, invoquant la fin de période contractuelle au 31 décembre 2019. Coca-Cola se disait prêt à revenir à la table des négociations pour trouver un accord.

Sur le terrain, un vent de panique souffla chez les chefs de rayon d'Intermarché : comment faire pour se passer de Coca-Cola dans ses rayons ? (Remémorez-vous quand vous faites vos courses dans le linéaire boissons, quelle couleur voyez-vous particulièrement ? N'est-ce pas du rouge et du blanc ?)

Dans la foulée, Intermarché saisissait le tribunal en référé pour exiger la livraison des produits. Le tribunal ordonnait la reprise des livraisons sous astreinte de 460 000 euros par jour de retard et pendant une période de 60 jours.

7/ Pouvoir de l'information

Le pouvoir de l'information est sûrement le plus puissant dans notre société hyperconnectée. En effet, nos décisions sont basées sur une analyse des informations dont nous disposons. Ainsi, la pertinence des informations dont nous disposons est un pouvoir extrêmement important dans le cadre de nos négociations. Si vous connaissez le prix de vente minimum du vendeur, vous serez certain d'effectuer la bonne offre pour garantir la transaction avec votre interlocuteur. Or, si nous parlons du pouvoir de l'information, nous devons aussi parler du pouvoir de la désinformation. La désinformation nous induira en erreur ou modifiera les faits pour favoriser notre décision. Elle peut être utilisée à notre insu pour influencer notre décision. Il est donc primordial de s'attacher à évaluer la fiabilité de l'information avant toute décision. Nous reviendrons sur l'importance de l'information dans la deuxième partie de cet ouvrage.

8/ Pouvoir des réseaux et de l'influence

Le pouvoir des réseaux et de l'influence permet d'agir sur les écosystèmes des parties prenantes de la négociation. Nous ne parlons pas seulement de l'influence micro-sociale d'une personne sur une autre, mais nous parlons de l'influence dans son ensemble. Le pouvoir d'influence s'appuie sur la capacité d'un acteur à s'attacher le soutien de certains individus, réseaux ou organisations pour prendre part à sa cause. Plus le négociateur dispose de réseaux et de contacts, plus il aura de chances d'influencer son interlocuteur. Les réseaux sociaux procurent aussi un merveilleux outil d'influence. Une communauté en ligne suffisamment large peut faire basculer des négociations.

9/ Pouvoir des individus et des organisations

Le pouvoir des individus se base sur des expertises qui procurent à l'individu un avantage concurrentiel face à ses protagonistes. Au niveau de l'organisation, cette compétence rare pourra être liée à un savoir-faire unique ou à une culture d'entreprise spécifique. Ainsi, une culture d'entreprise permettra d'initier un sentiment d'appartenance. Ce sentiment d'appartenance pourra avoir des conséquences positives sur la motivation des employés, la motivation des employés sur la réduction du turn-over dans les effectifs, la réduction du turn-over sur l'amélioration constante des processus de l'entreprise.

10/ Pouvoir de l'ingénierie, de la méthodologie, des modes de pensée

Le pouvoir de l'ingénierie, de la méthodologie et des modes de pensée représente la capacité du négociateur à résoudre un problème, mais aussi à organiser sa pensée pour partager ses idées et faire adhérer les autres parties. Ce pouvoir sous-tend la faculté de traiter une problématique, l'art de communiquer, l'aptitude de création d'une méthodologie ou de procédures de travail adaptées.

11/ Pouvoir des outils

Le pouvoir des outils prend en compte l'ensemble des moyens matériels à disposition. L'outil aide à accroître la capacité de production de l'entreprise. Nous parlons de machines-outils pour automatiser les lignes de production et produire en masse un produit. Dans l'entreprise moderne, les outils se concentrent surtout autour des outils digitaux. Ainsi, les CRM, les ERP et les autres outils technologiques établissent la richesse de l'entreprise moderne. À titre d'exemple, un négociateur qui posséderait un ordinateur aura une capacité de traitement plus importante qu'un négociateur sans outil informatique. Il pourra effectuer des calculs, accéder à l'information instantanément, etc. Malgré cela, utiliser un ordinateur ne signifie pas forcément être plus performant dans la négociation. En réalité, le négociateur se concentrera sur son écran, et non pas sur les comportements de ses interlocuteurs. Il aura un avantage dans les calculs ou l'information, mais pas dans l'analyse des comportements.

12/ Pouvoir de l'intuition et de la sérendipité

Le pouvoir de l'intuition et de la sérendipité est un pouvoir très abstrait. Il se définit comme l'aptitude du négociateur à ressentir les choses ou à se laisser guider par le hasard. L'intuition est une qualité propre à chaque négociateur à deviner les choses à partir de l'analyse qu'il fait de la situation. La serendipité est beaucoup plus hasardeuse. Elle se définit comme la capacité de faire des découvertes par erreur ou de manière accidentelle. La sérendipité est liée au facteur chance d'obtenir ce que l'on souhaite.

- Pouvoir de décision
- Pouvoir de la supériorité
- Pouvoir du temps
- Pouvoir de l'incertitude
- Pouvoir de la sanction
- Pouvoir de la nuisance
- Pouvoir de l'information
- Pouvoir des réseaux et de l'influence
- Pouvoir des individus et des organisations
- Pouvoir de l'ingénérie, de la méthodologie, de la conceptualisation
- Pouvoir des outils
- Pouvoir de l'intuition et de la sérendipité

Figure 24 : Les 12 pouvoirs du négociateur

L'état d'esprit : penser différemment

" C'est d'abord dans notre esprit que germent les graines de la réussite ou de l'échec. Notre univers intérieur peut être votre allié ou votre ennemi. "

George Kohlrieser

Quand la négociation ne s'établit pas sur un rapport de force, la créativité est la meilleure solution pour trouver un accord.

Les typologies d'acteurs

Certains négociateurs ont des esprits méthodiques et conformistes. Ils aiment l'organisation et l'établissement de règles. Ils aiment se reposer sur la norme et le droit pour minimiser les risques et sécuriser leurs accords. D'autres ont des orientations créatives. Ils ont un esprit plus désordonné. Ils aiment résoudre les casse-têtes qu'offrent les négociations. Pour eux, chaque problème doit être l'occasion de laisser errer leurs pensées et trouver dans l'énergie créatrice la résolution de leurs problèmes.

Ces deux typologies d'acteurs sont indispensables à des phases différentes de la négociation. D'un modèle analytique dans l'évaluation du risque et la prise de décision, nous devons passer sur un mode créatif.

Il convient donc de favoriser le modèle créatif et de penser différemment notre interaction.

De la curiosité à la créativité

" Je n'ai jamais fait l'une de mes découvertes par le processus de la pensée rationnelle. "

Albert Einstein

Deux comportements sont indispensables pour sortir du territoire hostile : la curiosité et la créativité. Pourtant, ces deux qualités sont éloignées de la pensée rationnelle, comme le disait Einstein.

La curiosité pour le négociateur, c'est poser les questions que personne n'ose poser. La logique de questionnement pour le négociateur est une primo-nécessité. Nous avons déjà traité cette problématique précédemment (cf. Savoir questionner p. 70).

Elle va s'exprimer en deux temps : en phase de préparation, la créativité sera nécessaire pour la recherche d'une MESORE[8], tandis qu'en phase de négociation, tous les acteurs l'utiliseront pour trouver un dénouement à leurs différends.

La MESORE est la solution que l'on privilégierait si la négociation ne devait pas aboutir. La recherche de la meilleure solution de repli revient à se poser la question : Quelles seraient mes options si la négociation devait échouer ? Le négociateur devra se questionner sur les autres offres disponibles sur le marché. Dans le cas d'achat de commodité, les spécificités des produits sont standardisées, des alternatives seront donc facilement détectées. Par contre, quand l'acheteur négocie avec une entreprise en monopole sur le produit recherché, seul le choix unique s'offrira à lui. L'acheteur pourra toutefois travailler sur sa meilleure solution de repli en se situant non plus sur le choix de l'acteur, mais sur le problème en lui-même. Qu'est ce qui nous force à travailler avec cet acteur unique ? Ne peut-on pas simplement modifier la problématique pour s'élargir à un plus grand panel de réponses?

8 MESORE : acronyme de MEilleure SOlution de REpli, ou BATNA en anglais : Best Alternative To Negotiated Agreement

Je négociais un contrat pour l'achat de jointures de porte pour un acteur du transport ferroviaire. Le sous-traitant était le seul acteur capable de développer le produit reposant sur les spécificités recherchées. L'industriel savait que son savoir-faire et son outillage le rendaient indispensable à notre projet. Pour nous, la négociation était fragile, car elle le plaçait en situation de monopole. Malgré plusieurs négociations, nous étions loin de pouvoir atteindre nos objectifs tant les ancrages réalisés étaient hauts. À ce stade de la négociation, nos échanges étaient stériles et ne permettaient plus de trouver un territoire d'accord avec le sous-traitant. Je demandai donc aux acteurs internes de revoir les spécificités du produit. De ce « brainstorming[9] » jaillirent plusieurs solutions de produits alternatifs. Ces nouveaux apports étaient totalement inespérés pour nous. L'agilité dont les ingénieurs avaient fait preuve nous a permis de revenir à la table de négociation avec une MESORE solide. Cette alternative faisait peser le doute sur l'industriel, qui revit son positionnement en conséquence. Au final, nous traitâmes avec lui dans le respect de notre objectif. Notre alternative nous a simplement permis de renverser le rapport de force. Ne pas avoir d'alternative dans un négociation nous rend vulnérable.

Pendant la négociation, la créativité s'exprimera dans la recherche de solutions communes aux acteurs de la négociation. Ils peuvent choisir de réfléchir ensemble à la recherche de solution. La méthode de brainstorming est particulièrement adaptée une fois que les problèmes, les positions et les intérêts sont exposés. Dans un premier temps, nous laisserons l'ensemble des idées jaillir de notre cerveau, sans les réfréner ou les analyser. Les critiques interviendront dans un second temps. Nous listerons les propositions sur un tableau partagé à la vue des acteurs. Le brainstorming fera émerger d'autres discussions sur les apports/critiques de la réflexion. Ces observations feront avancer la négociation.

Enfin, juste avant la phase de décision, l'analyse viendra pour confirmer ou infirmer les informations sur lesquelles se basait notre raisonnement. Savoir déceler les biais cognitifs devient donc indispensable afin de ne pas être piégé dans notre raisonnement ou notre analyse.

9 Vient de l'anglais, signifie « éclair de cerveau »

Déceler les biais cognitifs

> *" Ce grand monde, c'est le miroir où il nous faut regarder pour nous connaître de bon biais. "*
>
> Michel de Montaigne

Nous appelons « biais cognitifs » les différentes déformations de la pensée qui vont altérer notre perception de la réalité et fausser nos analyses.

Les biais cognitifs sont très dangereux pour le négociateur. Si le négociateur ne peut se fier à sa perception de la réalité, des erreurs apparaîtront dans son analyse et son raisonnement. Il basera sa décision sur un jugement erroné qui condamnera sa négociation. Le négociateur devra également déceler les biais cognitifs des personnes avec qui il négocie. De la sorte, il est primordial de connaître les différents biais cognitifs pour se prémunir des chimères de notre pensée. Nous avons inventorié certains biais cognitifs revenant souvent en négociation. Cette liste n'est bien sûr pas exhaustive, elle reprend simplement les biais les plus communs.

Biais d'ancrage

Le biais d'ancrage apparaît quand l'information donnée en premier va fixer un point de référence. La première information va encercler l'esprit en ne prenant plus en considération les nouvelles informations. Ancrer le premier peut être à double tranchant en négociation. L'ancrage peut influencer le périmètre de valeur autour de laquelle la négociation se jouera. Par contre, si votre proposition est éloignée de la valeur demandée par votre interlocuteur, vous risquez de faire rompre la négociation, ou bien de laisser de la valeur qui aurait pu être captée. Dans le cas où votre interlocuteur ancre le premier et que cet ancrage est irraisonnable, vous devrez effectuer un contre-ancrage aussi déraisonné, et puis dans un second temps vous référer à une valeur normative (ex. : prix du marché, etc.).

Biais d'angle mort

Le biais d'angle mort fait abstraction de la reconnaissance de ses propres biais personnels.

Biais d'attention

Le biais d'attention se produit quand notre appréciation de la situation est influencée par nos intérêts.

Biais d'attribution

Le biais d'attribution s'opère quand on tente de trouver des explications pour ses comportements ou ceux des autres. Le biais d'attribution hostile s'applique directement aux cas de figure des négociations hostiles. Il consiste à attribuer des motivations hostiles à une personne qui avait au final des intentions douteuses ou anodines. Par exemple, deux personnes chuchotent et ricanent pendant votre présentation. Vous pensez immédiatement qu'elles se moquent de vous...

Biais d'autorité

Le biais d'autorité consiste à surestimer la valeur de l'opinion d'une personne qui a une connaissance sur un sujet donné. Le biais d'autorité peut mener à des raisonnements tels que « le chef a toujours raison ».

Biais de clonage

Le biais de clonage est un biais où nous dupliquons les caractéristiques d'une personne ou d'un groupe sur la généralité des personnes de ce groupe. Nous avons en tête une expérience vécue avec le membre d'un groupe. Par exemple, nous clonons l'ensemble des caractéristiques de cette personne sur les membres de ce groupe.

Biais de confirmation

Le biais de confirmation va uniquement favoriser l'écoute des messages qui vont conforter nos propres idées. Beaucoup arrivent à mettre en avant les biais d'autrui, mais nous avons beaucoup plus de mal à reconnaître nos biais individuels.

Biais conservateur

Le biais conservateur encourage à privilégier les anciennes informations aux dépens des nouvelles.

Biais de disponibilité

Le biais de disponibilité est la tendance à surestimer les dernières informations rapportées au détriment de l'ensemble des informations. Les dernières informations sont mieux mémorisées, donc elles pèsent plus dans notre décision.

Biais d'entraînement

Le biais d'entraînement est un comportement d'imitation. Il intervient quand le membre d'un groupe efface sa décision initiale (inspirée par sa pensée intime) pour se conformer à celle du groupe.

Biais d'excès de confiance

L'excès de confiance reflète une confiance trop importante en sa capacité de surmonter une situation.

Biais heuristique de disponibilité

Le biais heuristique de disponibilité consiste en une surestimation des informations disponibles.

Biais d'illusion des séries

L'illusion des séries trompe notre objectivité en concevant le résultat comme un suivi d'une série d'évènements au détriment d'évènements aléatoires. Par exemple, j'ai obtenu un accord pour mes dix dernières négociations. J'en obtiendrai un pour ma onzième négociation.

Biais d'information

Le biais d'information oblige à chercher à obtenir des informations même quand notre action n'en requiert pas.

Biais d'innovation

Le biais pour l'innovation considère que l'ensemble des éléments innovants sont bons pour notre situation. À titre d'exemple, les nouvelles technologies permettent de mieux communiquer.

Biais d'effet placebo

L'effet placebo appuie la croyance qu'une action va avoir un effet sur notre situation. Ce biais est bien connu des chercheurs en médecine. Pour tester les résultats de leurs médicaments, il donne le médicament à tester, et un médicament appelé placebo non porteur de la nouvelle molécule. Si le placebo obtient les mêmes résultats que le médicament à tester, l'efficacité peut être mise en doute.

Biais de perception sélective

Le biais de perception sélective prend forme quand nous interprétons la situation uniquement sur des informations que nous sélectionnons. Nos intérêts conditionnent notre perception de la situation.

Biais de la politique de l'autruche

Nous faisons la politique de l'autruche quand nous choisissions d'ignorer des informations que nous jugeons défavorables ou risquées.

Biais de soutien de choix

Lors de l'expression d'une décision, on a tendance à soutenir ce choix en obstruant certaines réalités qu'il implique.

Biais de récence

Le biais de récence est l'inverse du biais conservateur. Il vise à privilégier les dernières informations au détriment des plus anciennes.

Biais de représentativité

Le biais de représentativité consiste à interpréter une situation à partir d'éléments limités qui ne sont pas forcément représentatifs de l'ensemble des éléments apportés.

Biais de résultat

Le biais de résultat invite à prendre des décisions qui se basent uniquement sur les résultats, et pas sur la manière dont ils ont été obtenus.

Biais de saillance

Le biais de saillance altère notre concentration sur les éléments ou les informations facilement distinguables tout en ignorant ceux qui n'attirent pas notre attention.

Biais du survivant

Le biais du survivant favorise les choses ou les personnes qui ont survécu à une situation. Ce biais opère quand on ignore dans son analyse ceux qui n'ont pas survécu. On oublie aussi de prendre en compte les causes de cette survie.

Biais du zéro risque

Le biais du zéro risque consiste à préférer réduire un risque faible plutôt que de chercher à réduire un risque plus grand.

Gérer l'incertitude

" On mesure l'intelligence d'un individu à la quantité d'incertitudes qu'il est capable de supporter. "

Emmanuel Kant

La gestion de l'incertitude a toujours été l'une des difficultés majeures pour le négociateur. L'incertitude nous laisse dans un état d'indécision qui s'avère préjudiciable pour la dynamique de la négociation. Le négociateur se demande toujours quel cheminement prendre pour ne pas être mis en difficulté dans l'atteinte de ses objectifs, quelles tentatives seront mises en place par son interlocuteur, quels arguments seront bien entendus par le récepteur, quels comportements il devra adopter, etc. Toutes ces questions fulminent dans sa tête pendant la négociation, atténuant sa capacité de concentration et d'analyse. Le maître mot pour répondre à cette difficulté est la PRÉPARATION.

Préparation, négociation et suivi

En effet, la négociation ne débute pas quand les personnes se rencontrent et discutent. La négociation débute dès la préparation, et se clôturera quand l'accord sera mis en œuvre. N'oublions pas que, pour obtenir un OUI dans un accord, nous devons nous attendre à avoir un NON.

La phase de préparation

La phase de préparation est sûrement la plus importante des phases de la négociation. Elle est bien souvent négligée par manque de temps, car elle est très chronophage. Bien des négociateurs vont en négociation sans préparation, sans connaître ceux qu'ils vont rencontrer. Le succès de votre négociation se situe dans la phase de préparation. Afin d'être prêt à négocier, le négociateur devra avoir recherché et analysé l'ensemble des informations pertinentes à différents niveaux : macro (culture, État, indice...) et micro (entreprise, projet, personne...). Il devra identifier les différends et les points d'accord potentiels des parties. Ce travail se basera sur une introspection et sur une projection faite à la place de ses homologues. Il pourra ensuite conceptualiser et modéliser son schéma de négociation (BATNA, ZOPA). Viendra ensuite l'élaboration de sa stratégie et des tactiques de négociation qui viendront supporter sa politique. Il faudra par ailleurs organiser la réunion de négociation : choisir le lieu, faire correspondre les agendas des parties, aussi bien en date qu'en heure, etc.

Comme pour l'organisation d'un mariage, il faudra dessiner un plan de table en s'assurant tactiquement que chacun est à la bonne place. Je me rappelle avoir reçu en France des délégations étrangères dans le cadre de présentation de produits de défense. Chaque zone commerciale était représentée par son directeur commercial. Il accueillait chacune de ses délégations avec attention autours d'un verre d'accueil. Une fois le cocktail terminé, l'événement fut suivi d'une présentation numérique. Les délégations étaient réparties dans la salle par zone géographique : EMEA, Amérique, Asie-Océanie. La salle était disposée avec de grandes tables de 10 personnes. Chaque table accueillait d'une à trois délégations. Quelle stupeur quand je vis la délégation d'Arabie saoudite assise avec celle du Qatar ! Ces deux pays étaient à l'époque dans un conflit politique sérieux. Aucun incident diplomatique ne fut répertorié, mais de sérieuses interrogations furent exprimées sur la compréhension de la situation géopolitique.

Pour qu'un plan de table soit respecté, des porte-noms ou des drapeaux (dans le cadre de délégations étrangères) viendront orner la table. L'invitation ou la convocation (le rapport au pouvoir pourra aussi être décelé dans le mot utilisé) reprendra les informations essentielles concernant l'organisation de la réunion : date, heure, durée, noms des participants accompagnés, ordre du jour.

Bon baiser de Russie

Je négociais l'acquisition d'un terrain en Europe de l'Est pour une entreprise de transport international. La société souhaitait ouvrir une plateforme de messagerie afin de compléter son offre. Nous avions organisé une réunion de négociation avec les propriétaires dans un centre de conférences d'un hôtel du centre-ville. Une invitation avait été envoyée au propriétaire, ainsi qu'à son conseil, et au mandataire de recherche. Nous recevions tout ce monde accompagné de traducteurs dans une salle aménagée pour notre réunion. Notre réunion allait commencer quand on frappa à la porte. Un homme, accompagné de sa protection personnelle, souhaitait se joindre à la réunion. Nous avions déjà rencontré cette personne, mais la parcelle dont il était propriétaire ne rentrait pas dans les spécifications de notre cahier des charges. Nous avions décidé de ne pas considérer sa propriété dans le projet. Nul ne sait comment il avait eu écho de notre négociation avec les propriétaires de la parcelle voisine qui avait retenu notre attention.
Je m'opposai à leur entrée. Un de ses gardes du corps me montra l'arme qu'il portait sous son costume. La situation était tendue. Je gardai mon sang-froid. Je lui montrai donc l'ordre du jour que nous avions préalablement établi et lui dis que son nom ne figurait malheureusement pas sur la liste. Je ne pouvais donc le laisser accéder à notre réunion. Il posa les yeux sur le document et renonça à vouloir assister la réunion. Nous échappions à une tentative d'ingérence dans notre décision... L'ordre du jour m'avait permis de dissocier l'interdiction de participation à la réunion et ma propre décision personnelle. L'ordre du jour a un pouvoir formel, même s'il est établi par vos soins.

La phase de négociation

La phase de négociation n'est plus exclusivement composée d'une réunion où les décisions sont prises. Bien souvent, elle nécessite de nombreux allers-retours de courriels voire plusieurs réunions. C'est pour cela qu'il faut être capable de garder une vision à la fois macro de la négociation dans son ensemble, et micro pour chacune des séquences de négociation.

Dans tous les cas, la négociation suivra un processus qui est bien défini. L'introduction ouvrira la négociation en présentant l'objectif de la réunion. Elle sera suivie par un tour de table si l'ensemble des acteurs ne se connaissent pas. La personne à l'initiative de la réunion présentera les règles de la réunion si cela s'avère nécessaire. Les règles de la réunion sont extrêmement importantes. Elles servent à réguler le débat, surtout dans le cas de négociations potentiellement conflictuelles ou bien de négociations collectives. L'élévation de la voix, mais aussi le nombre d'acteurs autour de la table, rendent très difficile l'écoute. Les règles permettent aussi de comprendre les modes et les conditions de décision. Par exemple, quel mode de scrutin sera utilisé ? Comment seront exprimés les suffrages ? Dans le cadre d'un appel d'offres, les conditions de décision sont annoncées dans l'avis de RFP (rate for proposal), mais il est bien de les rappeler à ce stade de la négociation.

Une fois la réunion commencée, les participants exprimeront leurs positions. Il n'est pas rare d'exprimer ses positions par écrit à travers des notes de position. C'est le cas dans la plupart des négociations au sein des grandes institutions internationales. Une fois les positions exprimées et la divergence constituée, nous devrons nous attacher à identifier le problème. Nous questionnerons les acteurs sur le problème rencontré « QUEL est le problème ? ». Celui-ci pourra être noté sur un tableau collaboratif. Puis il faudra explorer les intérêts respectifs. À cet égard, nous nous poserons la question : « POURQUOI les acteurs sont confrontés à ce problème ? ». Une fois le problème éclairci et les intérêts assimilés, nous chercherons les solutions capables de satisfaire les participants de la négociation. Nous adresserons la question : « COMMENT faire pour résoudre ce problème ? » Les acteurs échangeront leurs différentes solutions. Si nous devons émettre des propositions de solutions, nous les soumettrons en commençant notre énonciation par « Pourquoi pas » ou « Et si ». Cette technique laissera suffisamment de liberté à votre interlocuteur pour éclaircir sa position et dessiner la solution adéquate. L'adhésion collective sera préservée dans la recherche de solutions. Ces solutions pourront être notées (même si elles ne sont pas acceptées) sur le tableau en face des problèmes à résoudre.
Ensuite, nous conclurons la phase de négociation par la prise de décision. Nos intérêts auront-ils été satisfaits ? Si oui, nous serons prêts à accepter l'accord. Nous répéterons les accords sous la forme de questions fermées pour valider la compréhension de l'accord et éviter les quiproquos. Dans le cas contraire, nous ne pourrons pas finaliser la négociation. La séance sera ajournée. Nous réévaluerons notre décision et nos positions lors d'une préparation ultérieure.

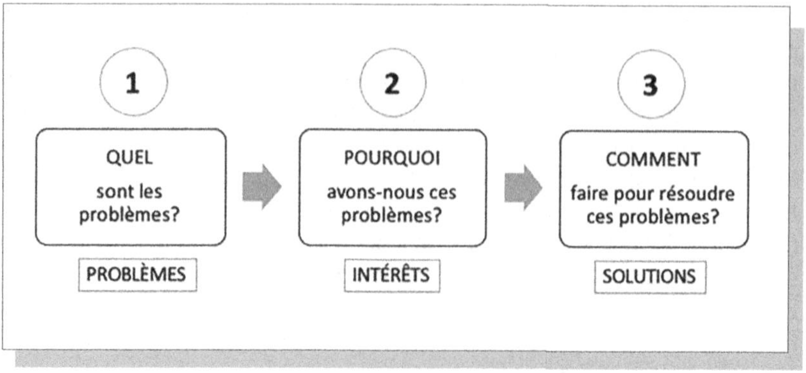

Figure 25 : Problème, intérêts & solutions

La phase de post-négociation

La phase de post-négociation s'attachera à effectuer le suivi des accords la négociation. Si un accord a eu lieu, il faudra consigner les conditions de l'accord. Si, hélas, la négociation n'a pas permis d'aboutir à un accord, le négociateur devra consigner l'ensemble des informations échangées. La négociation n'est pas un processus clos. C'est un processus infini qui s'enrichit de nos échecs et de nos désaccords. J'étais surpris de voir que, dans les entreprises avec qui j'ai pu travailler, aucune n'avait choisi de référencer ce type d'informations. L'inventaire informationnel des négociations ne vivait que par les informations que me donnait le négociateur qui avait mené les précédents débats. Aucune transcription des échanges, aucune consignation de l'information n'était effectuée. Chaque départ du négociateur en charge engendrait l'enterrement du capital informationnel pourtant vital à la qualité des négociations. Il est donc primordial de retranscrire les échanges et de consigner les informations importantes. Dans un second temps, la rédaction d'un procès-verbal aidera les acteurs à partager la même lecture de la situation. Dans le cas d'un accord, le procès-verbal servira de base à la rédaction du contrat. Dans le cas d'un désaccord, il constatera les points de discorde et le chemin qu'il reste à parcourir. Pourtant, comme disait Napoléon, « le péril s'établit au moment de la victoire ». Un contrat signé ne signifie pas que la négociation est gagnée.

Eurocopter – Airbus Hélicoptère

L'exemple suivant démontre toute la fragilité d'un accord avant sa concrétisation. En 2016, Eurocopter, filiale hélicoptère d'Airbus, gagnait l'appel d'offres du ministère de la Défense polonais pour la vente de 50 hélicoptères Caracal H225M (hélicoptères de transport multi-rôles). Le montant total du contrat s'établissait autour de 3,1 milliards d'euros. Quelques mois plus tard, le contrat est invalidé par le nouveau gouvernement tout juste installé.

Du côté d'Airbus, la remise en question est avant tout politique et stratégique. Politique, car le parti de centre droit vient d'être battu aux élections par son opposant, le PIS. Stratégique, car la Pologne, voyant d'un très mauvais œil les ambitions géopolitiques de son voisin russe en Ukraine, craint une invasion similaire. Elle cherche donc la protection des États-Unis d'Amérique et de l'OTAN pour contrebalancer l'influence russe. Nous pouvons nous questionner d'ailleurs sur l'achat de 25 hélicoptères Sigorsky BlackHawk par la Pologne quelques mois après la dénonciation des accords avec Airbus. Ne serait-ce pas la concession nécessaire pour s'assurer de la protection américaine ?

Du côté polonais, les raisons invoquées sont essentiellement liées à des offsets insuffisants. Les offsets sont les transferts d'une partie de la valeur du contrat que l'industriel garantit au pays acheteur sous la forme d'investissement direct ou indirect, ou de transfert de technologie. Les offsets présentent un intérêt pour conserver les emplois localement et favoriser le développement de l'économie locale.

La négociation est gagnée quand l'application de l'accord a été réalisée. Le négociateur devra mettre en place les indicateurs de suivi pour s'assurer que l'application est bel et bien conforme au contrat signé. Les enjeux d'offsets, de transfert de technologie, de formation lient forcément les acteurs dans la durée allant d'une période d'ante-négociation jusqu'à la post-négociation.

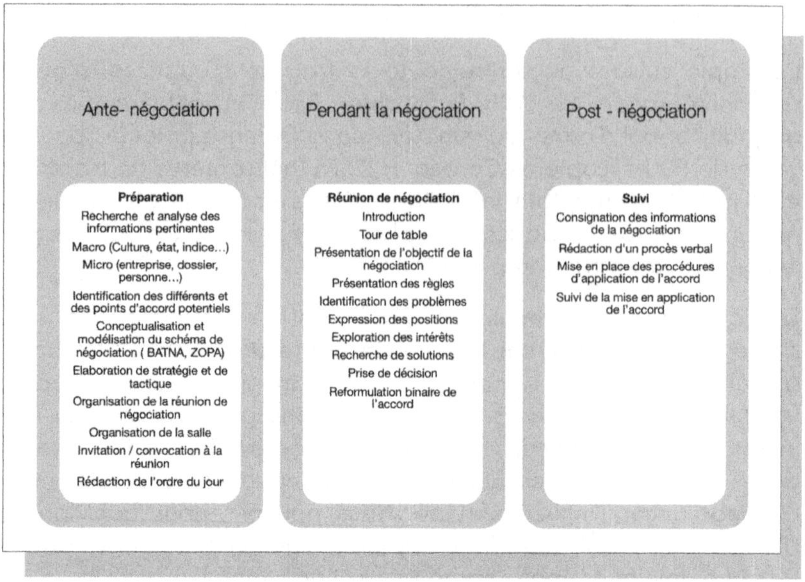

Figure 26 : Les phases de la négociation

Les scénarios critiques et improbables

> *" Quand le coup de tonnerre éclate, il est trop tard pour se boucher les oreilles. "*
>
> ***Wu Ch'i, II, 1***

L'établissement des scénarios critiques, aussi appelés « scénarios improbables », vise à déceler les différentes issues d'une négociation. Les scénarios permettent d'explorer l'ensemble des possibilités dans l'objectif de ne pas être pris par surprise. Sun Tze nous conseillait, dans « L'Art de la guerre », d'effacer « les plans du doute et de l'incertitude » (Sun Tzu, 2017). C'est spécifiquement ce que nous cherchons à faire quand nous établissons des scénarios critiques. Plus les scénarios seront précis, moins nous pourrons être pris au dépourvu. Je vois deux principaux bénéfices au fait de travailler sur ces scénarios : l'anticipation et la révision de notre négociation. L'anticipation nous permettra d'éclairer les terrains favorables et d'obscurcir les itinéraires risqués. Nous pourrons préparer nos arguments en fonction des chemins tracés par nos scénarios.
Pour préparer nos scénarios critiques, nous noterons l'ensemble des variables qui font l'objet de la négociation. Pour chacune de ces variables, nous définirons nos objectifs. Puis il faudra laisser aller librement notre réflexion et noter chacune des possibilités.

Nous recenserons ces hypothèses dans un arbre de décision. L'arbre de décision nous aidera à sortir d'une vision subjective de la situation, et nous permettra de visualiser mentalement l'ensemble des chemins. Il offre la possibilité d'une vision globale et ouvre un aperçu de séquençage de la négociation. Nous pourrons estimer les risques encourus sur chacune de ces routes. Ainsi, cette analyse nous aidera pour chacune des voies :

- à prendre les mesures adéquates pour réduire le risque,
- à éviter certains chemins critiques,
- à accepter les risques sur d'autres routes de décision.

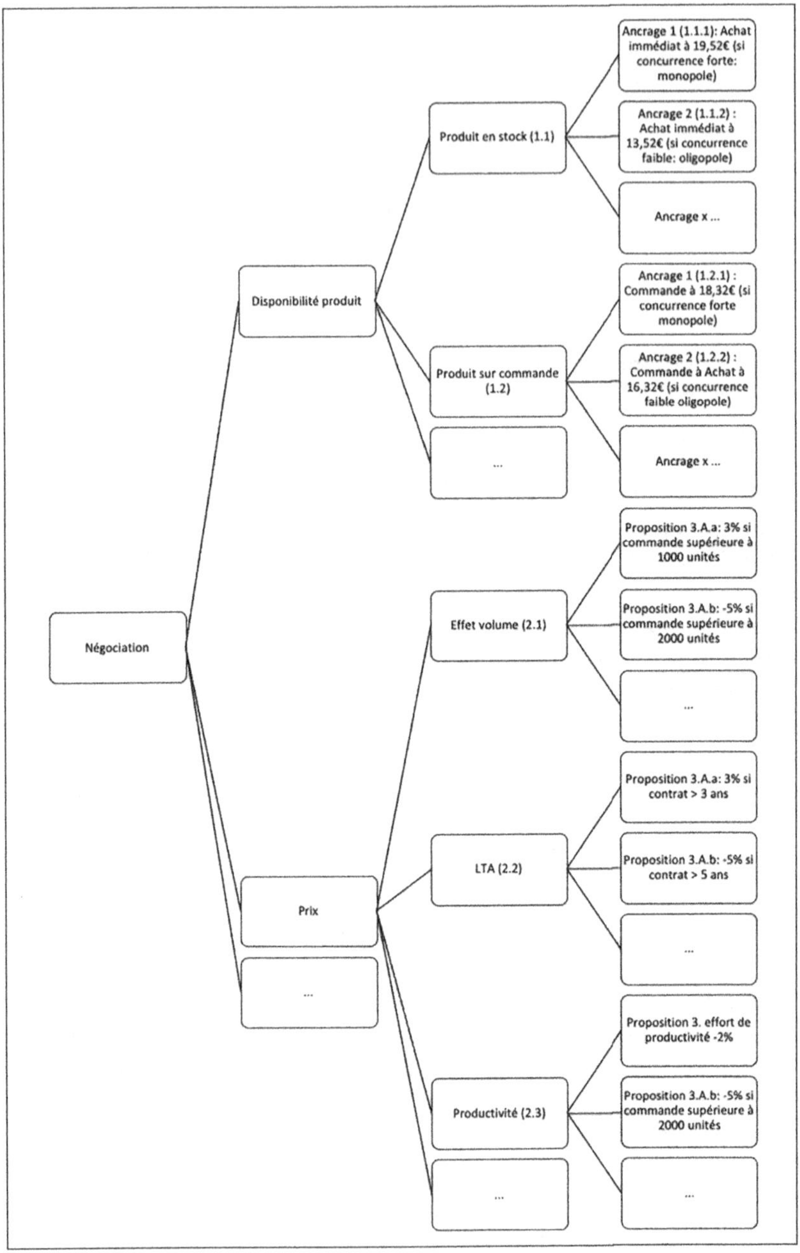

Figure 27 : Scénarios stratégiques

La visualisation mentale

Quand nous avons finalisé notre arbre de décision, nous devons visualiser mentalement chacun des chemins avant d'envisager de les emprunter. Les experts en visualisation mentale estiment que nous pouvons introduire dans notre réalité l'ensemble de ce que nous pouvons imaginer. Nous savons qu'il existe une relation entre le corps et l'esprit. La visualisation mentale nous permet de nous familiariser avec l'ensemble de ces situations. Elle nous aide surtout à nous conditionner pour affronter toutes les difficultés susceptibles d'être rencontrées. Nous préparons notre corps à accepter les scénarios suggérés par notre esprit. En alignant le corps et l'esprit, nous créons les conditions les plus favorables pour affronter les situations les plus difficiles.

L'UTILISATION DES TACTIQUES DE NÉGOCIATION

" Le courage est un juste milieu entre la peur et l'audace. "

Aristote

L'utilisation des tactiques de négociation n'offre souvent qu'une résolution illusoire du problème. Les négociateurs confirmés le savent bien. Ils s'affrontent rarement avec des tactiques inutiles. L'enjeu se situe au niveau supérieur, c'est-à-dire sur la stratégie de la négociation.

Les tactiques peuvent se révéler utiles dans des négociations opportunistes où le résultat obtenu serait le seul élément considéré. Néanmoins, dans une négociation orientée vers le long terme, la relation est primordiale pour la création de la confiance. La tactique est dès lors inutile.

Les tactiques utilisées doivent toujours être adaptées à votre stratégie. Certaines tactiques se révèlent être plus distributives qu'intégratives, ou vice versa. Pourtant, même certaines tactiques d'apparence plutôt intégrative peuvent être un moyen vicieux de prendre l'ascendant dans la négociation. Les tactiques peuvent se révéler utiles dans des négociations opportunistes où le résultat obtenu serait le seul élément considéré.

Il existe de nombreuses tactiques à la disposition du négociateur. Nous allons en citer, de manière non exhaustive, quelques-unes :

L'ancrage excessif

Nous appelons « ancrage » la séquence de la négociation où la première offre est faite. Comme son nom l'indique, l'ancrage excessif fixe la première offre sur une valeur extrême. Cette première valeur de référence va limiter le périmètre négociable. Tout éloignement trop prononcé de cette valeur sera perçu comme une demande irrationnelle, voir un effort irréalisable.

L'ancrage gradué

L'ancrage gradué est une variance de l'ancrage excessif. Il précise les conditions d'application de l'ancrage avec des paliers de valeurs préétablies. Cette méthode est aussi appelée « méthode Ackermann ». Il faut partir du prix désiré pour l'achat d'un produit. Mettons que vous souhaitez acheter un produit à 100 €. La première étape va être de proposer l'achat à 65 % de sa valeur, soit 65 €. Il y a de fortes probabilités que le vendeur décline cette offre. Dans un deuxième temps, nous remonterons l'offre à 85 % de la valeur, soit 85 €. Le vendeur risque de refuser également cette seconde offre. Après un temps de réflexion, l'acheteur augmentera son offre à 95 % de la valeur souhaitée, soit 95 €. Enfin, si la transaction n'a pas été réalisée, l'acheteur proposera 100 % de la valeur souhaitée, soit 100 €. Cette méthode pèse psychologiquement sur le vendeur. En effet, elle donne l'illusion au vendeur que l'acheteur se rapproche de sa ligne de rupture. Les paliers de concession de valeur se réduisent de moitié à chaque étape. L'acheteur montre une réticence graduée pour suggérer qu'en fin de négociation aucune concession supplémentaire ne pourra être effectuée.

Le bluff

Le bluff consiste à tromper notre interlocuteur sur sa capacité réelle d'action.

L'inconfort

Nous parlons d'inconfort quand un négociateur fait régner l'inconfort de l'environnement sur son interlocuteur. Par exemple, on va faire patienter pendant une heure son interlocuteur avant de le recevoir. Les acheteurs de la centrale d'achat de Leclerc (GALEC) appellent cela « la marinade ». Soleil dans les yeux, fauteuil bas, attente dans le couloir.

La meute

La tactique de la meute est utilisée dans la grande distribution par les grandes centrales d'achat. Vous êtes invité à négocier pour le référencement de votre produit. Vous allez rencontrer les membres de la meute. Tandis que vous êtes seul, ils négocient à plusieurs et chacun a un rôle bien défini : le premier est la personne en charge de la catégorie du produit ; le second est l'acheteur junior sympathique chargé de tisser du lien ; le troisième est l'acheteur senior qui n'hésite pas à élever la voix, voire à parler crûment.

Le leurre

Le leurre favorise la négociation d'un élément sans importance, pour faciliter l'accord sur un élément important.

L'usure

L'usure est d'obtenir gain de cause avec insistance, répétition, en laissant jouer le temps. Cette tactique est aussi appelée « tactique du disque rayé ».

Le recul

Le recul vise à s'accorder un moment avant de prendre toute décision. Par exemple, demander la validation d'une personne en interne avant la prise de décision, car nous sommes toujours au-delà de son mandat de décision.

Ex. : « Je dois obtenir l'approbation de mon supérieur pour accepter quand nous dépassons mon mandat. »

L'ultimatum

L'ultimatum a pour nature de forcer la main de la partie adverse en la mettant au pied du mur. L'ultimatum ne permet aucune contestation.

Ex. : « Vous connaissez mon offre. C'est à prendre ou à laisser ! »

La demande de dernière minute, ou tactique de Colombo

On connaît le talent de l'inspecteur Columbo pour résoudre des affaires criminelles. La tactique de Columbo repose sur le même principe utilisé par l'enquêteur. Une fois que la négociation est en phase de fermeture, l'acheteur demande un dernier geste.

« Ah, j'oubliais, une dernière petite chose, qu'est-ce que vous nous pouvez me donner de plus pour favoriser ma décision ? »

Le bon et le méchant

« Le bon et le méchant » est une technique utilisée dans les interrogatoires de police. Elle favorise une dissonance cognitive. Le sujet se retrouve en pleine contradiction entre la bienveillance et la méchanceté.

Le pot-pourri

Le pot-pourri réside dans le fait d'élaborer des requêtes fictives à son interlocuteur. Au fur et à mesure de la négociation, on efface ces demandes en contrepartie de concessions sur les autres demandes.

Le tiroir

La tactique du tiroir consiste à faire miroiter des perspectives d'évolution pour rappeler l'obligation des concessions sur un premier accord. Par exemple, on peut s'appuyer sur le triptyque prix-délais-qualité pour utiliser la tactique du tiroir.
Ex. : « Si vous arrivez à atteindre ce prix, nous pourrions imaginer la même demande pour nos bureaux de Bruxelles. »

L'escalier

La tactique de l'escalier exige l'obtention d'un accord sur une variable avant de passer à la variable suivante sans possibilité de revenir à ce qui a été négocié. Elle s'instaure bien souvent dans le processus avec l'établissement des règles en début de négociation. Sachant que l'ensemble des variables sont liées, elle permet d'obtenir un meilleur accord sur chacune des variables.

Ex. : « Nous sommes d'accord sur un achat à 109,52 €/ pièce. Nous allons maintenant négocier les spécificités du produit... Enfin, nous traiterons du volume... »

La poire en deux

On se rejoint au milieu du différend de valeur. Cette tactique peut paraître plutôt consensuelle car elle semble répartir le différend équitablement. Or, il faudra avant tout s'assurer que les ancrages initiaux soient correctement positionnés pour l'accord soit profondément équitable.

Ex. : « Tu dis 100. Je dis 50. On se rejoint à 75 ? »

Le salami

La tactique du salami consiste à décomposer une offre ligne par ligne, point par point. Elle peut évoluer vers la tactique de « cherry picking » décrite ci-dessous.

Ex. : « Merci pour cette offre commerciale.
Quelle est la décomposition ligne par ligne de cette offre ? »

Cherry picking

Le cherry picking va favoriser le choix de telle ou telle ligne de l'offre sans considérer l'ensemble de l'offre. L'acheteur va sélectionner les lignes les plus avantageuses et délaisser les autres.

Le bilan

Le bilan est le fait de faire jouer la transparence. Elle fait état de la situation actuelle, de la solution visée et des voies à parcourir.

L'enfermement

Les deux acteurs sont liés dans la victoire comme dans la défaite.

Diviser pour régner

« L'union fait le force », dit le proverbe. La division permet d'inhiber cette force. Ainsi, la meilleure façon de faire éclater une coalition est de diviser les acteurs. La tactique de diviser pour régner mettra en avant les points de discordance de la coalition pour la faire exploser.

La règle du jeu

La tactique de la règle du jeu permet de défausser la décision du négociateur sur les règles élémentaires de la politique de l'entreprise. Nous pouvons parler des conditions générales de vente ou des conditions générales d'achat.

Ex. : « Les conditions générales de vente exigent un acompte de 90 % avant la prestation. »

La date limite

Nous avons évoqué le pouvoir du temps précédemment. Le temps peut être utilisé comme une tactique infaillible.

Ex. : « Mon offre est valable jusqu'à vendredi. »

La détonation émotionnelle

La détonation émotionnelle propose de mettre en scène son émotion et d'exagérer sa forme dans le seul but de peser sur la décision des parties prenantes. Des larmes et des sanglots exprimeront une immense tristesse. Des élévations de voix et des faits de violence exprimeront la colère. L'émotion est contagieuse, dit-on.

Le court-circuitage

Quand un des négociateurs refuse d'aller plus loin dans la négociation, il suffit de passer à l'autorité supérieure et de contacter son supérieur.

Sortir de la tactique

" Changez vos stratégies et tactiques, mais jamais vos principes."

John Kessel

Nous avons établi une liste des tactiques courantes en négociation : non pas forcément pour les utiliser, mais surtout pour être en capacité de les déceler dans la stratégie de notre interlocuteur.

Effectivement, la tactique est souvent imperceptible et indolore si nous ne la remarquons pas.

Imperceptible, car il faut un minimum de connaissance des tactiques pour les reconnaître efficacement. Reconnaître la tactique nous permet de comprendre quelles sont les ambitions de notre interlocuteur. En fonction des tactiques utilisées, nous en déduirons le climat de confiance à la table de négociation. Indolore, car nous ne remarquons pas le mal direct que cela peut faire à nos intérêts. L'utilisation des tactiques mène à biaiser le processus cognitif dans la prise de décision de son interlocuteur.

Outre le préjudice possible sur la valeur que nous protégeons, l'utilisation des tactiques peut nuire à la valeur collective créée par la négociation. Il est par conséquent important de ne pas rester trop longtemps dans le jeu tactique pour ne pas appauvrir la négociation de ses enjeux stratégiques. Le risque est de s'enliser dans des tactiques chronophages sans avancer sur le fond du problème qui nous oppose à notre interlocuteur.

Si le négociateur a réussi à identifier la tactique de son opposant, plusieurs choix s'offriront à lui. La première est de **parer la tactique** de son opposant. Chaque tactique possède une parade qui lui est propre. La deuxième est de **renchérir sur une autre tactique** pour contrebalancer la tactique adverse à son avantage. Cette dernière solution pourrait favoriser l'hostilité dans la négociation. La troisième est de simplement **ignorer la tactique** si celle-ci n'a pas de conséquences directes ou immédiates. Enfin, comme le recommande William Ury, **nommer la tactique** est la meilleure alternative pour protéger les valeurs tant individuelles que collectives. Le simple fait de nommer la tactique démontre que le manœuvre a été constatée, que le piège a été évité et que nous sommes un négociateur expérimenté (Ury, 1991).

Faire intervenir une tierce personne

> *" Impalpable et immatériel, l'expert ne laisse pas de trace ; mystérieux comme une divinité, il est inaudible. C'est ainsi qu'il met l'ennemi à sa merci. "*
>
> Sun Tse, IV, Points faibles et points forts

La méthodologie de la négociation raisonnée nous conseille de séparer le problème des personnes. Il propose d'être dur avec le problème et doux avec la personne. Cela a beaucoup de sens pour engager son interlocuteur dans une relation saine et durable. Or, quand nous naviguons en territoire hostile, il arrive bien souvent que la personne soit le problème. Nous avons des affinités avec des personnes, et aucune avec d'autres. Cet élément est fondamental dans l'interaction humaine.

Le recrutement de la bonne personne

Le recrutement d'une personne plus apte à négocier est une solution. Cette subtilité peut être nécessaire quand deux acteurs ont une incompatibilité chronique. La tierce partie apportera un regard neuf sur la situation et n'exprimera pas d'animosité dans la relation. Le langage peut être aussi une raison de faire appel à un tiers. Quand deux acteurs ne parlent pas la même langue, il y a peu de chances qu'ils arrivent à négocier. Les messages envoyés par l'émetteur ne seront pas décryptés par le récepteur. Prenons l'exemple d'une négociation où votre interlocuteur invite son avocat à la table des négociations. Il est donc recommandé de s'aligner sur les forces en présence et de demander la présence de son conseil également. Cette problématique peut se retrouver aussi en fonction de la culture des parties. Une fracture culturelle fera obstacle aux interactions sociales et entravera le processus de négociation. Un intermédiaire sélectionné avec soin pourra effacer les différences idéologiques et mettre en place une passerelle cross-culturelle entre les parties.

Dans certaines cultures, le choix de l'acteur est primordial. Par exemple, dans certains pays du Moyen-Orient, la place de la femme n'est pas la même que dans nos sociétés occidentalisées. Même si ces codes culturels peuvent aller à l'encontre de nos propres principes, notre bonne volonté ne suffira pas à faire changer la culture de notre interlocuteur. Nous pouvons bien sûr nous attacher à lutter pour l'égalité des sexes, et dans ce cas ne pas souhaiter négocier dans ces conditions. Toutefois, comme le présentait Darwin, il est primordial de s'adapter à son environnement. Si nous voulons que la négociation aboutisse, nous devons impérativement choisir la personne qui négocie avec la plus grande attention.

L'agilité et la polyvalence

Nous présentions en début de ce livre une règle élémentaire en négociation : « Celui qui négocie ne prend pas de décision. Celui qui prend la décision ne négocie pas. » Cette règle nous force à confier la négociation à un acteur qui ne détient pas la décision. Les consultants extérieurs apportent cette valeur car ils connaissent le processus de négociation sans pour autant prendre la décision à la place de leurs clients. Leurs capacités ne se limitent pas à leurs expertises métier. Ils offrent un regard neuf sur la situation et ne se laissent pas enfermer dans des débats réducteurs.

Les produits de notre économie moderne sont remplis de technologie. Les ingénieurs qui mènent à bien ces projets innovants sont brillants d'inventivité. Pourtant, ils ont une grande difficulté à sortir d'une vision exclusivement technique. Il faut bien entendu communiquer efficacement pour négocier correctement. La négociation est une science humaine, ni blanche, ni noire, avec des nuances perceptibles ou bien invisibles. Elle n'est pas une science exacte, mathématique ou une ligne de code binaire. Certains profils techniques rencontrent donc des difficultés et restent bloqués dans une vision purement technocratique de la négociation. Il faut donc construire des passerelles polyvalentes et agiles pour comprendre l'ensemble des axes de réflexion et avoir une vue d'ensemble du projet. La plus grande difficulté de notre époque n'est-elle pas de simplifier la complexité des projets sans pour autant appauvrir son contenu ?

J'étais mandaté par une grande entreprise de transport ferroviaire pour tenter d'arracher la vente de produits sur le marché américain. J'avais pris mes quartiers dans la région des grands lacs aux États-Unis d'Amérique. Il nous restait que quelques jours pour soumettre le dossier de réponse à l'appel d'offres. Nous travaillions de manière effrénée pour fournir l'ensemble des documents demandés et respecter les délais de l'appel d'offres.

Finalement, nous soumîmes le dossier complet dans les dernières heures avant la limite de dépôt. Quelques jours après notre soumission, nous étions ravis d'apprendre que notre offre avait été retenue et que nous étions sélectionnés pour participer à la réunion de règlement de l'appel d'offres. L'objectif de cette réunion était de clarifier certains points de notre proposition.

Nous nous présentâmes à cette réunion dans le but d'apporter les éclaircissements demandés. Or, les échanges se bloquèrent rapidement sur des discussions essentiellement techniques qui ne laissaient plus de place à la prise de décision. L'argumentation devenait stérile et endommageait le processus de négociation. Je n'avais pas l'expertise suffisante pour intervenir sur les argumentations techniques des parties. Par contre, je sais reconnaître les prémices d'un terrain conflictuel. Il se développent souvent dans des incompréhensions mêlées à une dose d'impatience et à une touche d'ego. Constatant que les discussions étaient infructueuses, je proposai alors d'ajourner notre réunion et de reprogrammer la négociation quelques jours plus tard. L'objectif de cet ajournement était de mieux coordonner nos différentes expertises. Nous devions apporter une solution technique tout en négociant les termes de l'application. Nous préparâmes alors cette nouvelle réunion. Je m'appuyai sur les compétences techniques qui m'étaient offertes par les ingénieurs qui travaillaient depuis plusieurs mois sur le projet. J'encourageai à établir des règles de communication et des objectifs précis pour chaque intervention. Je coordonnai les acteurs internes pour conduire cette négociation en évitant le piège de l'argumentation réactionnaire. Les décisionnaires trouvèrent enfin des réponses à leurs interrogations. De notre côté, nous levâmes les doutes de leurs prises de décisions en révisant quelque peu certains éléments de l'appel d'offres. Notre offre fut finalement acceptée et nous décrochâmes le marché.

La route alternative

L'intervention d'une tierce personne permet aussi de construire une route alternative dans le cas où la négociation est bloquée ou bien lorsqu'elle dégénère dans l'hostilité. Faire intervenir une tierce personne permet de ne pas être exposé à l'échec de la négociation. Il sera plus simple de pointer la personne comme la responsable de la situation. Par conséquence, elle pourra facilement être mise en cause et remplacée. Les compteurs seront remis à zéro et le passif de la relation effacé, la personne incriminée portant l'ensemble de l'échec de la négociation. Tel un disjoncteur qui fonctionne pour protéger les circuits électriques, la route alternative permet de protéger la relation de toutes surtensions hostiles.

L'exemple du Kagemusha

Le Japon était déchiré par les guerres féodales. Les clans s'affrontaient dans des guerres sanguinaires pour asseoir leur suprématie sur le territoire. Le « shogun » (chef militaire japonais) contrôlait l'organisation de son armée. Dans ses apparats militaires qui portaient son « Mon » (ses emblèmes ou son blason), il prenait part à la bataille pour diffuser ses ordres aux officiers ou bien façonner sa stratégie dans sa « Maku » (sa tente).

La mort du chef de clan aurait été catastrophique pour l'organisation de son armée et aurait sûrement mis la victoire en péril. Ainsi, la ruse du Kagemusha était utilisée pour éviter le risque de perte de son leader. Le général était ainsi remplacé par un de ses soldats qui portait sa tenue d'apparat. Le shogun prenait place dans la garnison de son régiment. Il pouvait à moindre risque dans un uniforme de soldat ne pas être visé par l'ennemi, et communiquer ses instructions à ses officiers.

3.

Préparer votre négociation avec la méthode VIATIS[10] ©

10 VIATIS© est un concept déposé. Toute reproduction est interdite.

1. Variables

La première étape de la méthodologie est sûrement la plus importante. Elles sont les fondations de votre négociation. Nous appelons « variables » de négociation l'ensemble des points que nous voulons négocier. Listez donc en premier lieu l'ensemble des variables à négocier.

Exemple pour des négociations commerciales :

- Spécificité(s)
- Volume
- Prix
- Garantie
- Durée
- Conditions de paiement
- Territoire de juridiction
- Clause de sortie
- Bonus/pénalité
- Propriété industrielle
- Incoterms
- Qualité
- Compliance
- Etc.

2. Importance

La deuxième étape consiste à classer nos variables par importance. Établissez alors une échelle de 0 à 5 (1 peu important, 5 très important) pour classer les variables par degré d'importance. Même si, dans beaucoup de négociations, tout est important, nous nous devons de hiérarchiser les variables pour organiser convenablement notre négociation. Ainsi, nous accorderons plus de temps et/ou plus de ressources pour les variables les plus importantes.

	1	2	3	4	5
Spécificité(s)			X		
Volume				X	
Prix					X
Garantie			X		
Durée				X	
Conditions de paiement			X		
Territoire de juridiction		X			
Clause de sortie		X			
Bonus/pénalité	X				
Propriété industrielle				X	
Incoterms				X	
Qualité			X		
Compliance				X	

3. Analyse

Afin de planifier notre stratégie de négociation, nous devons estimer le rapport de force entre les acteurs. Nous procéderons à l'inventaire des 12 pouvoirs du négociateur comme présenté précédemment.

Puis nous allons effectuer une analyse interne de nos forces et faiblesses. Cette analyse interviendra à différents niveaux du micro au macro (forces et faiblesses du projet, forces et faiblesses des acteurs, forces et faiblesses de l'entreprise, forces et faiblesses d'un État, etc.)

Effectuez aussi cette analyse en vous mettant à la place de votre interlocuteur sur sa propre négociation.

Nous utiliserons l'outil de profiling pour tenter de cerner sa personnalité, son univers professionnel, mental, culturel, etc. Cela vous aidera à comprendre ses intérêts, à prévoir ses stratégies. Vous serez ainsi plus prévoyant, moins surpris pendant votre négociation. Vous pourrez alors accorder plus d'attention pour l'observation. Vous dégagerez plus d'assurance et de sérénité dans vos interventions.

Nous poursuivrons notre analyse d'environnement avec une analyse externe suivant le modèle PESTEL. Nous étudierons les environnements, à la fois, sous le prisme :

- Politique,
- Économique,
- Social/sociétal,
- Technologique,
- Environnemental,
- Légal.

Nous mettrons en place une veille sur les points identifiés en rapport avec nos variables de négociation. Par exemple, le taux de change, le prix d'une ressource, un changement de gouvernement, etc.

Enfin, nous devons nous interroger sur les variables contextuelles paradoxales de notre négociation, à savoir :

- MESORE[11], ou BATNA [12] (Force de notre meilleure solution de repli)
- Offre disponible sur le marché (Monopole > Oligopole)
- Time to deliver (Urgent > Temps disponible)
- Rapport de force (Dominé > Dominant)
- Possibilité de coalition (Faible > Forte)

11 Meilleure solution de repli

12 Best alternative to negotiated agreement

4. Territoires

Après avoir distingué les frontières du territoire des acteurs, nous définirons les territoires d'accord possibles. Pour chacune des variables de négociation, nous devons définir, d'une part, la valeur souhaitée, et d'autre part, la valeur plancher. Nous nous efforcerons de quantifier ou qualifier l'ensemble des variables afin d'obtenir des valeurs précises. Nous tenterons par un questionnement méticuleux et pour une observation accrue d'identifier les objectifs de notre interlocuteur afin de dessiner la zone d'accord possible[13].

13 ZAP (Zone d'accord possible) ou ZOPA (Zone of possible agreement)

5. Itinéraire stratégique

Utilisons notre matrice de positionnement, afin d'évaluer la meilleure stratégie à adopter pour notre négociation.

Sur l'axe des ordonnées, nous évaluerons le risque. Le risque sera plus ou moins fort en fonction des réponses données sur vos variables contextuelles.

Sur l'axe des abscisses, nous estimerons la valeur négociée pour cette négociation : soit la valeur sera faible, soit elle sera forte.

La matrice de positionnement va nous permettre de choisir parmi quatre situations :

- création de valeur (HRLV : High risk – Low Value)
- captation de valeur (LRLV: Low Risk – Low Value)
- partenariat (HRHV: High Risk – High Value)
- compétition (LRHV: Low Risk – High Value)

Les scénarios captation de valeur et compétition favoriseront la création de valeur objective, tandis que les scénarios création de valeur et partenariat faciliteront la création de valeur subjective.

Elle nous assistera dans la prise de décision pour définir notre choix stratégique, mais aussi dans le choix des tactiques et des comportements à adopter.

Création de valeur (High Risk – Low Value)

Les risques d'échec de cette négociation sont forts et la valeur atteignable est faible. Cela signifie que vous ne disposez pas d'une MESORE forte. Vous devez sécuriser votre accord même si la valeur créée est faible. Pour cela, vous devez vous assurer d'une bonne relation avec votre interlocuteur. Créez de la valeur commune en vous engageant sur une période plus longue (de 2 à 3 ans). Des profils de négociateurs altruistes et créatifs seront appréciés.

Captation de valeur (Low Risk – Low Value)

Les risques d'échec de cette négociation sont faibles et la valeur atteignable est faible. Cela signifie que votre MESORE est suffisamment forte. Si cette négociation n'aboutit pas, vous avez d'autres opportunités pour atteindre votre objectif. La valeur créée étant faible, vous devez capter un maximum de valeur pour vous. Privilégiez un accord contractuel à court terme (< 1 an). Des profils de négociateur débutant pourront acquérir de l'expérience sur ce type de négociation.

Ce modèle de négociation engendrera de la frustration chez votre interlocuteur. Vos autres options vous permettront de ne pas être immédiatement en danger sur l'atteinte de vos objectifs de négociation. Néanmoins, un conflit froid s'installera dans votre relation avec l'autre partie.

Partenariat (High Risk – High Value)

Les risques d'échec de cette négociation sont forts et la valeur atteignable est forte. Votre MESORE est faible (ex. : seuls 1 ou 2 fournisseurs sont présents sur le marché). Dans ce rapport de force, votre position dans la négociation peut être fragilisée si votre contrepartie dispose d'une meilleure MESORE. Un comportement emphatique permettra de tisser un modèle d'interaction relationnel coopératif afin de limiter le risque. Il est conseillé de travailler ensemble comme deux partenaires sur un modèle de réponse aux problématiques divergentes pour créer de la valeur commune. Un engagement sur du long terme est privilégié (de 3 à 5 ans). Les profils altruistes seront utiles à ce type de négociation pour établir la confiance nécessaire à un engagement durable.

Ce modèle réduira le conflit si l'ensemble des acteurs agit en toute sincérité dans le partenariat.

Compétition (Low Risk – High Value)

Les risques d'échec de cette négociation sont faibles et la valeur atteignable est forte. Votre MESORE est forte, il faut donc optimiser la valeur créée. Vous devez questionner un maximum votre contrepartie pour découvrir sa ligne de rupture. Vous devez agir comme un compétiteur avec votre interlocuteur. Vos intérêts doivent primer sur les siens. Soyez assertif dans l'interaction. Ce modèle d'interaction facilitera des engagements à court terme ou dépendant des opportunités créées. L'utilisation d'un modèle d'enchère pour cette négociation peut être appropriée pour optimiser la valeur prise. Les profils égoïstes et manipulateurs seront à l'aise pour ce type de négociation.

Ce modèle de négociation favorisera naturellement le conflit.

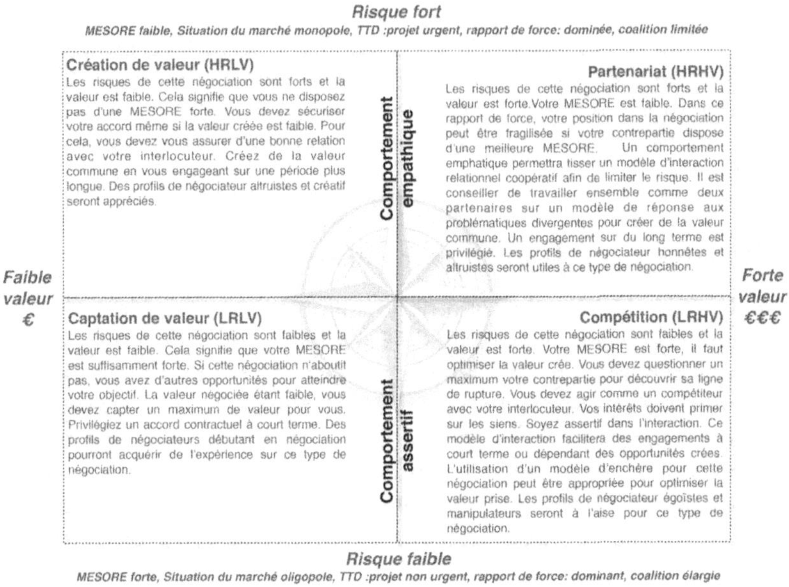

6. Script

Il est temps de préparer la feuille de route de votre négociation. Explorez les différents chemins à l'aide d'un arbre de décision stratégique.

Définissez la communication adaptée à votre stratégie, aussi bien verbale, paraverbale que non verbale. Testez votre argumentation auprès d'amis, de collègues, ou à l'aide d'une caméra vidéo.

Connaissez votre itinéraire dans le moindre détail. Répétez sans cesse vos partitions. Une fois l'itinéraire validé, il ne reste plus qu'à suivre l'itinéraire que vous avez établi pendant la préparation. Il n'est pas impossible que des scénarios non prévus apparaissent lors de votre négociation. Nous appelons cela « les scénarios improbables ».

Travailler sur un arbre de décision permet d'identifier l'ensemble des possibilités offertes. Il paramétrera notre cerveau sur les possibilités et préparera notre mental à les envisager. Cette préparation est primordiale pour limiter l'effet de surprise. Vous bénéficierez d'un temps de cerveau disponible supplémentaire pendant la négociation en ayant identifié les différents scénarios avant de les subir.
Pour construire votre arbre décisionnel, il faut en premier lieu poser votre problème. Dans un deuxième temps, vous explorerez les différentes voies de résolution de votre problème à différents niveaux.

Ne changez jamais d'itinéraire pendant votre négociation. Si vous rencontrez une difficulté particulière car vous n'avez pas planifié une des questions ou actions de votre interlocuteur, faites une pause ou demandez un ajournement de la négociation pour différer la prise de décision. Il faudra réouvrir la préparation en considérant le nouvel élément apporté.

CONCLUSION

Depuis quelque temps déjà, je m'étais promis d'écrire un livre sur ce thème passionnant qu'est la négociation. Cette discipline m'a accompagné pendant des années.

La négociation est une compétence fondamentale tant d'un point de vue personnel que professionnel. Elle régule la relation que nous avons avec autrui. Elle façonne notre personnalité, notre philosophie de vie, en quelque sorte. En tant qu'objet de recherche, elle présente un champ large, voire infini, de par la complexité de l'homme et l'évolution naturelle des sociétés.

Comme le disait Kant : « Chronologiquement, aucune connaissance ne précède en nous l'expérience et c'est avec elle que toutes commencent. » En effet, l'expérience précède la connaissance, et c'est d'ailleurs un bon mix entre théorie et pratique qui permet la maîtrise de toute compétence. J'ai donc voulu que ce livre offre un bon équilibre entre théorie et pratique pour favoriser facilement l'appropriation des concepts par le lecteur.

Mon rôle de conseil m'a permis d'accumuler des années d'expérience pratique en négociation pour des grandes entreprises à l'international. J'avais une grande soif de les partager. L'écriture de ce livre a été une occasion de me remémorer certaines négociations vécues.

Ce projet de livre m'a permis de mettre à plats l'ensemble des connaissances théoriques acquises à travers des heures de lecture, des observations récoltées sur le terrain, des échanges entre professionnels reconnus, des participations à des conférences ou des colloques sur la négociation. L'écriture de ce livre était par ailleurs l'occasion d'honorer et de rendre hommage aux professeurs/mentors qui m'ont transmis le fruit de leur savoir. Ils ont semé une petite graine en moi qui a fait germer ma passion et ma vocation pour la négociation. J'espère qu'un jour ce modeste travail permettra de perpétuer cette tradition afin d'éveiller chez des jeunes professionnels le même enthousiasme qui m'a animé par le passé.

Nous avons exposé l'ensemble de nos apports. Nous avons présenté la notion de territoire hostile. Nous en avons défini les causes et avons présenté les conséquences.

Nous avons proposé des solutions pour faire face à l'hostilité en négociation. En premier lieu, nous avons souligné l'importance de la communication en apportant des techniques pour être plus performant dans ses interactions. Nous avons recommandé des techniques pour favoriser une posture sereine. Nous avons adapté la pyramide des besoins au négociateur pour faciliter la compréhension des besoins des parties prenantes. Nous avons également développé un outil de profiling pour identifier les types de personnalités.

Nous avons mis en avant les paradoxes des doubles standards, qui imposent des choix parmi les chemins stratégiques proposés. Nous avons proposé un inventaire des pouvoirs qui facilitent l'identification des leviers stratégiques. Nous avons cherché à mettre en garde contre les biais cognitifs pour éviter des mauvaises décisions. Nous avons dressé un bref catalogue des tactiques utilisées en négociation.

Enfin, nous avons mis à disposition la méthode VIATIS, une méthode de préparation qui a été éprouvée dans des négociations à forts enjeux. Elle assiste le négociateur dans ses décisions stratégiques en offrant la possibilité de choisir ce qui sera privilégié : le résultat ou la relation. Elle procure des résultats immédiats tant quantitatifs que qualitatifs.

Certains concepts mériteront certes d'être approfondis par d'autres lectures. Dans tous les cas, ce livre permettra d'initier des pistes de réflexion et de recherche supplémentaires pour ceux qui souhaiteront développer cette voie...
J'ai personnellement pris un énorme plaisir à écrire ce livre. Son écriture a rythmé mes journées déjà bien remplies entre occupations professionnelles, personnelles et familiales.

Bonne négociation !

ANNEXE

Tests d'aptitude au territoire hostile

Chaque personne a une capacité différente d'acceptation du conflit. Nous avons créé des tests permettant d'évaluer sa capacité de génération et d'acceptation de situation conflictuelle.

Test de génération de l'hostilité

Questionnaire

Répondez aux questions, ci-dessous, parmi l'échelle proposée.

1/ Dans une négociation, l'atteinte de mes résultats est plus importante que la qualité de la collaboration avec mon interlocuteur ?

☐ Tout à fait d'accord
☐ D'accord
☐ Ni en désaccord ni d'accord
☐ Pas d'accord
☐ Pas du tout d'accord

2/ J'arrête mes sollicitations quand elles dépassent des considérations morales ?

☐ Tout à fait d'accord
☐ D'accord
☐ Ni en désaccord ni d'accord
☐ Pas d'accord
☐ Pas du tout d'accord

3/ Quand quelqu'un met en doute mes compétences, je réagis immédiatement pour le remettre à sa place ?

☐ Tout à fait d'accord
☐ D'accord
☐ Ni en désaccord ni d'accord
☐ Pas d'accord
☐ Pas du tout d'accord

4/ Si quelqu'un me menace, j'ignore la menace et je continue à négocier ?

☐ Tout à fait d'accord
☐ D'accord

❒ Ni en désaccord ni d'accord
❒ Pas d'accord
❒ Pas du tout d'accord

5/ Je ne me conforme jamais à la lettre aux règles établies pendant la négociation ?

❒ Tout à fait d'accord
❒ D'accord
❒ Ni en désaccord ni d'accord
❒ Pas d'accord
❒ Pas du tout d'accord

6/ J'utilise souvent des ultimatums pour forcer mes interlocuteurs à accepter mes conditions ?

❒ Tout à fait d'accord
❒ D'accord
❒ Ni en désaccord ni d'accord
❒ Pas d'accord
❒ Pas du tout d'accord

7/ Une personne se montre très agressive pendant la négociation. Je demande une suspension de séance pour lui laisser le temps de se calmer avant qu'on reprenne la réunion ?

❒ Tout à fait d'accord
❒ D'accord
❒ Ni en désaccord ni d'accord
❒ Pas d'accord
❒ Pas du tout d'accord

8/ Si des projectiles sont envoyés dans ma direction, je les ramasse et les jette en retour ?

❒ Tout à fait d'accord
❒ D'accord
❒ Ni en désaccord ni d'accord

❒ Pas d'accord
❒ Pas du tout d'accord

9/ Lors d'une réunion, on me dit que je suis « une belle m _ _ d e », je réagis immédiatement et réplique par une autre insulte ?

❒ Tout à fait d'accord
❒ D'accord
❒ Ni en désaccord ni d'accord
❒ Pas d'accord
❒ Pas du tout d'accord

10/ En cas d'insulte, je préfère garder le silence et ne pas dire un mot ?

❒ Tout à fait d'accord
❒ D'accord
❒ Ni en désaccord ni d'accord
❒ Pas d'accord
❒ Pas du tout d'accord

11/ Les arguments d'autrui m'intéressent peu, seuls mes intérêts comptent ?

❒ Tout à fait d'accord
❒ D'accord
❒ Ni en désaccord ni d'accord
❒ Pas d'accord
❒ Pas du tout d'accord

12/ Je fais toujours preuve de bienveillance pour entretenir la bonne entente des acteurs ?

❒ Tout à fait d'accord
❒ D'accord
❒ Ni en désaccord ni d'accord
❒ Pas d'accord
❒ Pas du tout d'accord

13/ Je peux me révéler agressif si quelqu'un se montre blessant à mon égard ?

❒ Tout à fait d'accord
❒ D'accord
❒ Ni en désaccord ni d'accord
❒ Pas d'accord
❒ Pas du tout d'accord

14/ Je respecte scrupuleusement les hiérarchies établies dans mon organisation ?

❒ Tout à fait d'accord
❒ D'accord
❒ Ni en désaccord ni d'accord
❒ Pas d'accord
❒ Pas du tout d'accord

15/ Je n'apprécie pas de prendre des risques élevés pour gagner plus en négociation ?

❒ Tout à fait d'accord
❒ D'accord
❒ Ni en désaccord ni d'accord
❒ Pas d'accord
❒ Pas du tout d'accord

16/ Parfois, je ne dis pas la vérité pour obtenir ce que je souhaite en négociation ?

❒ Tout à fait d'accord
❒ D'accord
❒ Ni en désaccord ni d'accord
❒ Pas d'accord
❒ Pas du tout d'accord

17/ Quand quelqu'un se met en colère contre moi, j'essaie habituellement de le laisser se calmer par lui-même ?

❒ Tout à fait d'accord
❒ D'accord
❒ Ni en désaccord ni d'accord
❒ Pas d'accord
❒ Pas du tout d'accord

18/ Je perds très peu le contrôle dans des situations d'urgence ?

❒ Tout à fait d'accord
❒ D'accord
❒ Ni en désaccord ni d'accord
❒ Pas d'accord
❒ Pas du tout d'accord

19/ Je préfère conclure rapidement un accord plutôt que de prendre mon temps ?

❒ Tout à fait d'accord
❒ D'accord
❒ Ni en désaccord ni d'accord
❒ Pas d'accord
❒ Pas du tout d'accord

20/ Je prends toujours en compte les réalités de l'autre quand je communique ?

❒ Tout à fait d'accord
❒ D'accord
❒ Ni en désaccord ni d'accord
❒ Pas d'accord
❒ Pas du tout d'accord

Analyse

Dupliquez vos réponses dans le tableau, ci-dessous en entourant la lettre correspondant à votre réponse. Effectuez le total de vos réponses.

	Questions	Tout à fait d'accord	D'accord	Ni en désaccord ni d'accord	Pas d'accord	Pas dutout d'accord
1	Dans une négociation, l'atteinte de mes résultats est plus importante que la qualité de la collaboration avec mon interlocuteur ?	2	1	0	-1	-2
2	J'arrête mes sollicitations quand elles dépassent des considérations morales ?	-2	-1	0	1	2
3	Quand quelqu'un met en doute mes compétences, je réagis immédiatement pour le remettre à sa place ?	2	1	0	-1	-2
4	Si quelqu'un me menace, j'ignore la menace et continue à négocier ?	-2	-1	0	1	2
5	Je ne me conforme jamais à la lettre aux règles établies pendant la négociation ?	2	1	0	-1	-2
6	J'utilise souvent des ultimatums pour forcer mes interlocuteurs à accepter mes conditions ?	2	1	0	-1	-2
7	Une personne se montre très agressive pendant la négociation, je demande une suspension de séance pour lui laisser le temps de se calmer avant qu'on reprenne la réunion ?	-2	-1	0	1	2
8	Si des projectiles sont envoyés dans ma direction, je les ramasse et les jette en retour ?	2	1	0	-1	-2
9	Lors d'une réunion, on me dit que je suis « une belle m _ _ d e », je réagis immédiatement et réplique par une autre insulte ?	2	1	0	-1	-2
10	En cas d'insulte, je préfère garder le silence et ne pas dire un mot ?	-2	-1	0	1	2
11	Les arguments d'autrui m'intéressent peu, seuls mes intérêts comptent ?	2	1	0	-1	-2
12	Je fais toujours preuve de bienveillance pour entretenir la bonne entente des acteurs ?	-2	-1	0	1	2
13	Je peux me révéler agressif si quelqu'un se montre blessant à mon égard ?	2	1	0	-1	-2
14	Je respecte scrupuleusement les hiérarchies établies dans mon organisation ?	-2	-1	0	1	2
15	Je n'apprécie pas de prendre des risques élevés pour gagner plus en négociation ?	-2	-1	0	1	2
16	Parfois, je ne dis pas la vérité pour obtenir ce que je souhaite en négociation ?	2	1	0	-1	-2

17	Quand quelqu'un se met en colère contre moi, j'essaie habituellement de le laisser se calmer par lui-même ?	-2	-1	0	1	2
18	Je perds très peu le contrôle dans des situations d'urgence ?	-2	-1	0	1	2
19	Je préfère conclure rapidement un accord plutôt que de prendre mon temps ?	2	1	0	-1	-2
20	Je prends toujours en compte les réalités de l'autre quand je communique ?	-2	-1	0	1	2
	TOTAL (résultat entre -40 et 40)					

❒ Si résultat entre -40 et 0 : Vos comportements ont tendance à apaiser le conflit.

❒ Si résultat entre 0 et 40 : Vos comportements ont tendance à provoquer le conflit.

Test du négociateur face à l'hostilité

Questionnaire

Répondez aux questions, ci-dessous, parmi les trois choix proposés.

1/ Quand je souhaite dire non

☐ a/ Cela m'arrive parfois de dire oui
☐ b/ Je préfère me laisser du temps pour réfléchir
☐ c/ Je l'exprime facilement

2/ Dans une réunion chahutée, mon opposant élève sa voix contre moi

☐ a/ J'élève également la voix pour me faire entendre
☐ b/ Je réponds en baissant la voix
☐ c/ Je préfère ne pas m'exprimer de peur de faire croître le conflit

3/ Lorsque des difficultés se dressent sur mon chemin

☐ a/ J'essaie de laisser les choses se résoudre par elles-mêmes
☐ b/ Je fais mon possible pour les résoudre
☐ c/ Je les surpasse avec détermination et sans peur

4/ J'éprouve des difficultés à voir les choses du point de vue de l'autre

☐ a/ Tout le temps
☐ b/ Je ne me pose pas la question
☐ c/ Jamais

5/ Quand, dans une réunion, je vois quelqu'un être traité injustement

☐ a/ Je suis touché par la situation et j'interviens
☐ b/ Cela ne me concerne pas
☐ c/ Je n'éprouve pas beaucoup de pitié

6/ Mon collègue de bureau arrive en pleurs un matin

☐ a/ Je vais prendre un café pour ne pas m'en mêler
☐ b/ Chacun ses problèmes. Les malheurs des autres m'importent peu
☐ c/ Je suis forcément touché par cette épreuve et je lui propose d'en parler

7/ Lors d'une argumentation difficile

☐ a/ Je ne perds pas de temps à écouter les arguments des autres
☐ b/ Je préfère prendre mon temps avant de répondre
☐ c/ J'écoute toujours mon interlocuteur avant d'exprimer mon point de vue

8/ La négociation est bloquée car mon interlocuteur ne démord pas d'une de ses demandes

☐ a/ Je fais des concessions pour ne pas bloquer la négociation
☐ b/ Je ne lâche rien non plus
☐ c/ Je demande un ajournement de séance pour qu'il revienne dans de meilleures dispositions

9/ Pour obtenir une information

☐ a/ Je pose une question ouverte
☐ b/ Je reste silencieux, il finira par me le dire
☐ c/ Je n'hésite pas à prêcher le faux pour savoir le vrai.

10/ Pour négocier

☐ a/ J'identifie les positions fragiles de mon interlocuteur pour les attaquer avec force
☐ b/ Je préfère attendre que l'autre se dévoile avant d'avancer
☐ c/ Je fais toujours preuve de bienveillance envers l'ensemble des parties prenantes

11/ Lors d'un débat public, des reproches me sont faits par l'opposition

☐ a/ Je me justifie

☐ b/ Je me rebelle
☐ c/ Je minimise

12/ Je dirige une réunion sociale, une foule hostile se fait entendre à l'extérieur. La situation devient très tendue

☐ a/ Cela ne m'affecte pas du tout, je souhaite finaliser cette réunion
☐ b/ Je me fais tout petit et je préfère être exfiltré
☐ c/ Je demande le calme car je me sens impuissant quand je suis au cœur d'une situation menaçante

13/ Un client hurle son mécontentement

☐ a/ J'ai tendance à paniquer
☐ b/ Je reste calme
☐ c/ Je déteste avoir à gérer ces situations

14/ Mon supérieur me confie un projet extrêmement important pour l'avenir de la société

☐ a/ Je m'organise malgré la pression
☐ b/ Quelqu'un d'autre pourrait-il s'en occuper ?
☐ c/ J'ai peur de ne pas être à la hauteur

15/ Quand je vois quelqu'un qui a désespérément besoin d'aide dans une situation d'urgence

☐ a/ Des personnes sont sûrement mieux qualifiées que moi pour gérer
☐ b/ Je suis généralement assez efficace pour faire face à l'urgence
☐ c/ J'ai tendance à perdre le contrôle de mes moyens dans des situations d'urgence

16 / Quand je vois quelqu'un se blesser gravement

☐ a/ J'éprouve des difficultés et je deviens anxieux
☐ b/ Je m'éloigne car je ne supporte pas la vue du sang
☐ c/ J'ai tendance à rester calme

17/ L'entreprise avec qui vous négociez rencontre des difficultés financières

❒ a/ Je préfère l'aider à traverser ses difficultés. Je conçois des efforts dans mon offre

❒ b/ C'est l'occasion d'obtenir plus dans ma négociation, car sa situation lui est défavorable

❒ c/ Peu importe

18/ Une négociation réussie est

❒ a/ Une négociation où tout le monde se met d'accord rapidement

❒ b/ Une négociation où tous les intérêts des acteurs sont satisfaits

❒ c/ Une négociation où mes intérêts sont garantis

19/ Je dois exprimer des critiques envers quelqu'un

❒ a/ J'essaie d'imaginer comment je me sentirais si j'étais à sa place

❒ b/ Les critiques ne sont pas constructives

❒ c/ J'expose librement l'ensemble de mes pensées

20/ Deux membres de vos équipes expriment fortement leurs désaccords sur une décision à prendre

❒ a/ Je les convoque et je tranche immédiatement la décision

❒ b/ Je laisse mes collaborateurs prendre une décision

❒ c/ Je les invite à en discuter et j'agis en médiateur

21/ Votre équipe a perdu un appel d'offres. Le collègue qui a présenté le projet n'a pas été convaincant

❒ a/ Tant pis, c'est bien dommage...

❒ b/ Je lui dis ouvertement qu'il a raté sa présentation

❒ c/ Je lui dis qu'il fera mieux la prochaine fois

22/ Dans un débat d'idées

❒ a/ Je tente toujours d'imposer mon point de vue

❒ b/ Je préfère ne pas rentrer dans de longues discussions. Chacun est libre de ses opinions

❒ c/ J'essaye toujours de trouver un accord médian entre mes intérêts et ceux des autres

23/ Quand je suis confronté à un problème avec autrui

❒ a/ Je cherche des solutions salvatrices
❒ b/ Je n'aime pas les situations conflictuelles et je cherche à les éviter
❒ c/ Je préfère en discuter ouvertement et en toute franchise avec l'autre partie

24/ Quand les premiers signes de divergence apparaissent

❒ a/ Je tente d'identifier les inquiétudes et les motivations de chacun
❒ b/ Je cherche à résoudre les problèmes
❒ c/ Je suis patient et reste discret sur mes opinions

Analyse

Dupliquez vos réponses dans le tableau ci-dessous en entourant la lettre correspondant à votre réponse.

Questions	**a/**	**b/**	**c/**
Quand je souhaite dire non ?	C	A	R
Dans une réunion chahutée, mon opposant élève la voix contre moi ?	R	C	A
Lorsque des difficultés se dressent sur mon chemin ?	A	C	R
J'éprouve des difficultés à voir les choses du point de vue de l'autre ?	R	A	C
Quand dans une réunion, je vois quelqu'un être traité injustement ?	C	A	R
Mon collègue de bureau arrive en pleurs un matin ?	A	R	C
Lors d'une argumentation difficile ?	R	A	C
La négociation est bloquée car mon interlocuteur ne démord pas d'une de ses demandes ?	C	R	A
Pour obtenir une information ?	C	A	R
Pour négocier ?	R	A	C
Lors d'un débat public, des reproches me sont faits par l'opposition ?	C	R	A
Je dirige une réunion sociale, une foule hostile se fait entendre à l'extérieur. La situation devient très tendue ?	R	A	C
Un client hurle son mécontentement ?	C	R	A
Mon supérieur me confie un projet extrêmement important pour l'avenir de la société ?	R	A	C
Quand je vois quelqu'un qui a désespérément besoin d'aide dans une situation d'urgence ?	A	R	C
Quand je vois quelqu'un se blesser gravement ?	C	A	R
L'entreprise avec qui je négocie rencontre des difficultés financières ?	C	R	A
Une négociation réussie est ?	A	C	R
Je dois exprimer des critiques envers quelqu'un ?	C	A	R
Deux membres de mon équipe expriment fortement leurs désaccords sur une décision à prendre ?	R	A	C

Votre équipe a perdu un appel d'offres. Le collègue qui a présenté le projet n'a pas été convaincant ?	A	R	C
Dans un débat d'idées ?	R	A	C
Quand je suis confronté à un problème avec autrui ?	C	A	R
Quand les premiers signes de divergence apparaissent ?	C	R	A

Ensuite, calculez le nombre de fois où vous avez choisi la lettre C, la lettre A et la lettre R.

Total C =	/8	/8	/8
Total A =	/8	/8	/8
Total R =	/8	/8	/8

Votre profil dominant est la somme la plus importante des 3 profils :

❒ C= profil de négociateur colombe
❒ A = profil de négociateur anguille
❒ R = profil de négociateur rhinocéros

Profil de négociateur : colombe

Vous êtes avant tout orienté vers la relation, au détriment de vos résultats. Vous arrivez à lisser les désaccords en favorisant les accords mutuels. Vous avez des qualités humaines indéniables comme la loyauté ou la bienveillance. En revanche, vous pouvez tomber sous l'emprise de profils plus durs et vous faire léser en ne protégeant pas suffisamment vos territoires de négociation. Votre profil s'insérera parfaitement dans les négociations à long terme ou les besoins de partenariats.

Profil de négociateur : anguille

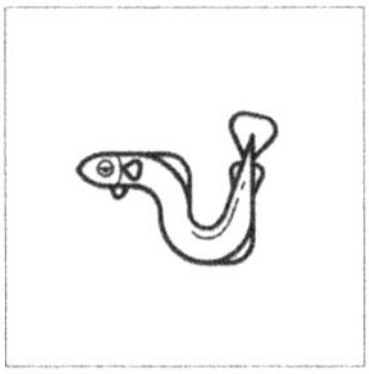

Vous avez tendance à fuir les décisions et les situations conflictuelles. Vous n'effacez pas le conflit pour autant... Le flou de vos décisions et vos manques d'engagement vous sont reprochés. Votre neutralité ne résoud pas le problème : vous le transformez en conflit froid qui générera plus d'hostilité ultérieure. Vous profil sera adapté dans le cas de négociations où le temps peut inverser les tendances.

Profil de négociateur : rhinocéros

Vous faites toujours valoir vos intérêts en vous opposant aux tentatives de conquête de territoire de la partie adverse. Vous utilisez tous les pouvoirs de négociation à votre disposition. Vous êtes orienté vers l'obtention de résultat au détriment de la relation. En retour, vous pouvez générer une escalade conflictuelle, voire des ruptures dans les relations avec autrui. Vous serez le profil idéal pour gérer des situations difficiles où des décisions impopulaires doivent être prises. Votre mission s'établira sur des négociations opportunistes ou à temps court.

LEXIQUE

Argumentation : Technique de communication qui vise à faire adhérer son interlocuteur à ses idées.

BATNA : Acronyme venant de l'anglais « Best alternative to negotiated agreement » (cf. Meilleure solution de repli).

Biais : Différentes déformations de la pensée qui vont altérer notre perception de la réalité et tausser nos analyses.

Compromis : Le compromis indique qu'après avoir partagé leurs positions, au moins une des parties fait au minimum une concession.

Conflit : Le conflit s'installe dans un désaccord profond. Le conflit se forme quand les intérêts sont divergents et opposés.

Congruence : La congruence est un état qui est établi quand un individu est en accord entre ce qu'il pense, ce qu'il dit et ce que son corps exprime. Le concept de congruence a été développé par le psychologue américain Carl Roger dans les années 1960.

Consensus : Le consensus indique l'obtention d'un accord général sans concession majeure d'une des parties.

Honne : Terme japonais (本音) qui signifie « vrai son ». Le honne désigne les pensées plus intimes, les sentiments profonds et l'opinion personnelle de l'individu : le vrai visage de la personne.

Kagemusha : Terme japonais (影武者) signifiant « combattant de l'ombre ». Pour éviter le risque de perte de son leader, le général était ainsi remplacé par un de ses soldats qui portait sa tenue d'apparat.

Meilleure solution de repli, ou MESORE : La solution que l'on privilégierait si la négociation ne devait pas aboutir.

Négociation distributive : Processus de négociation qui s'efforce de distribuer une valeur fixe aux acteurs. Elle s'appuie sur un rapport de force entre les acteurs.

Négociation intégrative : Processus de négociation qui vise à créer de la valeur en intégrant l'ensemble des intérêts des acteurs. Son objectif est de trouver les solutions adaptées pour développer la valeur commune afin d'en faire bénéficier l'ensemble des acteurs.

Négociation raisonnée : La négociation raisonnée est une méthode de négociation développée par Roger Fisher et William Ury, deux chercheurs de l'Université d'Harvard dans les années 1980. Cette méthode se base sur la coopération des acteurs pour régler un différend.

Negotium : Terme latin qui désigne un retour aux affaires ou affaires productives/profitables. Le mot « negotium » est à l'origine du mot négociation.

Otium : Terme latin qui se définit comme le temps libre d'une personne pour s'adonner à la méditation ou au loisir. C'est une période de retraite de la vie active ou publique.

Proxémie : La proxémie se définit comme l'étude de la distance sociale. Ce concept a été développé par Edward T. Hall dans son livre « Le Langage silencieux ».

Synergologie : Discipline de la communication qui étudie le langage non verbal.

Tatamae : Terme japonais (建前) qui représente les obligations sociales, le comportement public de la personne adapté pour la vie en société : le visage masqué.

VIATIS© : Méthode de préparation de négociation (variables, importance, analyse, territoires, itinéraire stratégique et script).

Zone of possible agreement : Terme anglais qui signifie « Zone d'accord possible ».

ZOPA : Acronyme de l'anglais « Zone of possible agreement ».

BIBLIOGRAPHIE

- Abric, J. (2003). Psychologie de la communication. Paris: Armand Colin.
- Beaufre, A. (2012). Introduction à la stratégie. Paris: Pluriel - Fayard.
- Beer, J., & Stieff, E. (1997). The mediator Handbook. Gabriola Island: New Society Publishers; 3rd Revised edition.
- Bierce, A. (1912). A Cynic Looks At Life. New York: The Neale Publish ing Company.
- Capital, & Berger, A. (2021, 01 01). Marseille : la grève à un million d'euros des éboueurs phocéens. Récupéré sur Capital: https://www.capital.fr/entreprises-marches/marseille-la-greve-a-un-million-deuros-des-eboueurs-phoceens-1389819
- Caupenne, C. (2010). Négociateur au RAID. Paris: Le cherche midi.
- Centre national des ressources textuelles et lexicales. (2020, Janvier). Centre national des ressources textuelles et lexicales. Récupéré sur Centre national des ressources textuelles et lexicales: https://www.cnrtl.fr
- Cooper, R. E. (2002). The post-modern state. The Guardian. Cuddy, A. (2012). Your body language may shape who you are. TED Global. TED Talks.
- Cuddy, A., Carney, D., & Yap, A. (2010). Power Posing: Brief Non verbal Displays Affect Neuroendocrine Levels and Risk Tolerance. Psychological Science.
- Curhan, J. R., Elfenbein, H. A., & Xu, H. (2006). What Do People Value When They Negotiate? Mapping the Domain of Subjective Value in Negotiation. Journal of Personality and Social Psychology, 493-512.
- Curhan, J., Elfenbein, H. A., & Eisenkraft, N. (2010). The Objective Value of Subjective Value: A Multi-Round Negotiation Study1. Journal of Applied Social Psychology, 690-709.

- Darwin, C. (1906). L'origine des espèces. Paris: Librairie Reinwald, Schleicher Frères, éditeurs.
- Dupont, C. (2006). La négociation Post-Moderne. Paris: Publibook.
- Durkheim, E. (1904). L'évolution pédagogique en France. Paris: Presse universitaire de France.
- Ekman, P. (1992). Are there basic emotions? Psychol. Rev.
- Ekman, P. (2003). Emotions Revealed: Recognizing Faces and Feelings to Improve Communication and Emotional Life. New York: St. Martin's Griffin.
- Ekman, P. (2003). Unmasking the Face: A guide to recognizing emo tions from facial expressions. Los Altos: Malor Books.
- Fisher, R., & Ury, W. (1981). Getting to yes. New York: Penguin books.
- Freud, S. (1989). Nouvelles conférences d'introduction à la psychanalyse (conférence XXXI de 1933. Gallimard, Folio Essais).
- Hall, E. (1984). Le Langage silencieux. Paris: Seuil.
- Hobbes, T. (1651). Le Léviathan. Paris: Folio.
- Hofstede, G. (2001). Culture's consequence: international differences in work related values. Sage.
- Hugo, V. (1901). Tas de pierres.
- INRS - Institut national de recherche et de sécurité. (2013).
- INRS. (2013, Avril 17). Stress au travail. Consulté le 21 août 2013, sur INRS : http://www.inrs.fr/accueil/risques/psychosociaux/stress.html. Paris: INRS.
- Institut national de recherche et de sécurité. (2020, Décembre 12). Mécanisme du stress au travail. Récupéré sur Institut national de recherche et de sécurité: https://www.inrs.fr/risques/stress/effets-sante.html
- Izard, C. (1977). Human emotions. New York: Plenum Press.
- Kant, E. (1993). Kant, Idée d'une histoire universelle d'un point de vue cosmopolitique, 6. Paris: Bordas.

- Kluckholn, C. (1951). Culture and behavior," in Grahm Lindzey (ed.). Handbook of Social Psychology , 921–976.
- Lövheim, H. (2012). A new three-dimensional model for emotions and monoamine neurotransmitters. Medical hypotheses, Vol. 78, no. 2, p. 341–348.
- Larousse. (2020, décembre). Dictionnaire Larousse. Récupéré sur Larousse https://www.larousse.fr/
- Le Monde avec AFP et Reuters (2012). Afrique du Sud : la police tire sur les mineurs en grève, tuant 34 personnes. Le Monde.
- Le Monde, & Escande, P. (2020, Janvier 10). « Le nouveau machiniste de la SNCF veut revenir au train ». Le Monde. Récupéré sur Le Monde : https://www.lemonde.fr/economie/article/2020/01/10/le-nouveau-machiniste-de-la-sncf-veut-revenir-autrain_6025408_3234.html
- Leary, K., Pillemer, J., & Wheeler , M. (January–February 2013). Negotiating with Emotion. Brighton: Harvard Business Review.
- Lempereur, A. (2016). La confiance. Caen: EMS.
- Mac Lean, P. (1990). The triune brain in evolution. New York: Plenum Press.
- Machiavel, N. (1550). Le Prince. Paris: Librio - Flammarion.
- Marx, K., & Engels, F. (1848). Le Manifeste du parti communiste.
- Maslow, A. (1954). Devenir le meilleur de soi-même. Boston: Addison-Wesley Educational Publishers Inc.
- Maurer, R., & Tindall, J. (1983). Effects of postural congruence on client's perception of counselor empathy. Journal of Counseling Psychology, 30, 158–163.
- Mehrabian, A., & Russel, J. (1974). An Approach to Environmental Psychology. Cambridge: MIT Press.
- Mehrabian, A., & Wiener, M. (1967). Decoding of Inconsistent Communications. Journal of Personality and Social Psychology, 109–114.
- Milner, P., & Olds, J. (1954). Positive reinforcement produced by electrical stimulation of septal area and other regions of rat brain.

Journal of Comparative and Physiological Psychology, vol. 47(6), p. 419-427.

- Mucchielli, R. (2018). La conduite des réunions. Montrouge: ESF.
- Plutchik, R. (1980). Emotion a Psycho-Evolutionary Synthesis. New York : Harper.
- Pruitt, D. G. (1983). Achieving integrative agreements. Sage journals, 35-49.
- Richins, M. (1997). Measuring emotions in the consumption experience. Journal of Consumer Research, 127- 146.
- Rizzolatti, G., & Sinigaglia, C. (2008). Les neurones miroirs. Paris: Odile Jacob Sciences.
- Roger, C. (1961). On Becoming a Person: A Therapist's View of Psychotherapy. Boston: Houghton Mifflin Harcourt.
- Roger, C. (1968). Le développement de la personne. Paris: Dunod.
- Seyle, H. (1978). The stress of life. New Yoirk: Mc Graw Hill.
- Shannon, C., & Weaver, W. (1948). A Mathematical Theory of Com munication. The Bell System Technical Journal, 379-423/ 623-656.
- Sun Tzu. (2017). L'Art de la guerre (Wu Ch'i II, 3). Paris: Flammarion.
- Todorov, A. (2017). Face Value: The Irresistible Influence of First Impressions. Princetown: Princetown University Press.
- Todorov, A., Olivola, C., Dotsch, R., & Mende-Siedlecki, P. (2015). Social Attributions from Faces: Determinants, Consequences, Accuracy, and Functional Significance. Palo Alto: Annual Review of Psychology.
- Trump, D. (2018). Twitter: Realdonaldtrump. Récupéré sur Twitter : https://twitter.com/realdonaldtrump/status/1021719098265362432?lang=en
- Ury, W. (1991). Getting past no. Londres: Random House Business Book.
- van Baaren, R., Holland, R., Steenaert, B., & van Knippenberg, A. (2003). Mimicry for money: Behavioral consequences of imitation. Journal of Experimental Social Psychology, 39, 393–398.

- Von Neumann , J., & Morgenstern, O. (1943). Theory of games and economic behavior. Princeton: Princeton University Press.
- Walder, F. (2003). Saint Germain et la négociation. Paris: Gallimard.
- Watzlawick, P., Helmick Beavin, J., & Jackson, D. (1967). Pragmatics ofhuman communication: A study ofinterac- tional patterns, pathologies, and paradoxe. New York: Norton & Company.
- Werber, B. (2009). Encyclopédie du savoir relatif et absolu. Paris: Albin Michel.
- Winkin, Y. (1989). La nouvelle communication. Paris: Éditions du Seuil.
- Yerkes, R., & Dodson, J. (1908). The relation of strenght of stimulus to rapidity of habit - formation. Journal of Comparative Neurology and Psychology, 459-482.

LISTE DES TABLES ET FIGURES

À PROPOS DE L'AUTEUR

Christophe BOFARULL est dirigeant fondateur des « Ateliers du négociateur » et de « Armetis ».

Christophe est diplômé de l'ESCP Europe en marketing et en communication. Il s'est spécialisé en intelligence économique à l'Institut des Hautes Études de la Défense Nationale (IHEDN) et en négociation à l'école de droit d'Harvard (Harvard Law School).

Depuis plus de 10 ans, Christophe intervient en tant que consultant, formateur et conférencier sur des problématiques de négociation et de gestion de conflits pour de grands groupes à l'international (Europe, Amérique du Nord, Afrique, Moyen-Orient, Asie). Il s'est forgé une expertise des négociations complexes, en particulier dans le secteur de la défense, de l'automobile ou dans le secteur du transport. Il est reconnu pour sa capacité à agir dans des univers où les organisations sont bouleversées, où les relations humaines sont dégradées.

Christophe travaille aussi sur des problématiques de protection physique des personnes, d'acquisition et de protection d'informations stratégiques pour influencer les environnements les plus opaques.

Christophe est invité à partager son expertise de la négociation dans divers programmes de formations académiques à l'Université Paris 1-La Sorbonne, l'École Centrale Supélec, ainsi qu'à l'École Nationale d'Administration (ENA).

Christophe pratique les arts martiaux depuis l'âge de 10 ans. Il est aussi instructeur de Kick Boxing et de Pancrace.